Brauseboys
AUF NIMMERWIEDERSEHEN 2024

BRAUSEBOYS
THILO BOCK, ROBERT RESCUE, FRANK SORGE, VOLKER SURMANN, HEIKO WERNING

EIN JAHR GEHT VOR DIE HUNDE

AUF NIMMERWIEDERSEHEN 2024

SATYR VERLAG

1. Auflage Dezember 2024

Eine Produktion der © Brauseboys | www.brauseboys.de
im Satyr Verlag Volker Surmann, Berlin 2024
www.satyr-verlag.de

Coverfoto: Heiko Werning
Druck und Bindung: MCP, Marki
Printed in Poland

Die Deutsche Nationalbibliothek verzeichnet diese Publikation in der Deutschen Nationalbibliografie; detaillierte bibliografische Daten sind im Internet
abrufbar über: http://dnb.d-nb.de

Die Marke »Satyr Verlag« ist eingetragen auf den Verlagsgründer Peter Maassen.

ISBN: 978-3-910775-25-1

INHALT

RABBATZ, PEACE UND PAYBACKPUNKTE

WINTER 2023/2024

RABBATZ, PEACE UND PAYBACKPUNKTE

Thilo Bock

Ich hab's an Herz und Nase. Das eine hat zu viel Druck auf dem Kessel, die andere ist oft verstopft bis in die Nebengelasse. Deshalb brauche ich Pillen und Spray, beides gibt es nur auf Rezept. Das muss ich mir so einmal im Quartal vom Arzt holen, reine Routine. Eigentlich, denn plötzlich ist alles anders. Jedenfalls ein bisschen. Die blassrosafarbenen Rezeptzettelchen sind nämlich so was von gestern. Seit Jahresbeginn gibt es das E-Rezept. Das wird auf die Krankenkassenkarte gespielt, und in der Apotheke können sie das dann runterladen. Wobei das mit »gespielt« so gar nicht stimmt. Eine Krankenkassenkarte ist ja keine Kassette. Wäre auch blöd, wenn man da immer vor- und zurückspulen müsste und in der Apotheke nie die rechte Stelle fände. Und bei ganz großem Pech gäb's gehörigen Bandsalat.

Nein, wie von Zauberhand landen die Rezepte auf dem Chip meiner Krankenkassenkarte, die ja jetzt »Gesundheitskarte« heißt, was ich albern finde. Wäre ich gesund, bräuchte ich keine Rezepte, höchstens welche zum Kochen. Und das wäre doch was! Ein Koch, eine Köchin unseres Vertrauens lädt uns Rezepte auf die Leckerschmeckerkarte, die wir nur noch in unseren Thermomix stecken müssten und römtömtömtöm, mixte der uns ein wohlschmeckendes Menü in den Topf.

Mit meiner Gesundheitskarte muss ich nicht mal mehr zum Arzt. Ein Anruf genügt. Und schon sind die Rezepte auf der Karte. Der Haken daran: Das geht nur, wenn ich ein Mal im Quartal beim Arzt vorstellig werde, also ungefähr in dem zeitlichen Abstand, in dem ich neue Medikamente brauche. Da könnt ich ja wieder … Also mich aufregen könnte ich mich!

Mein Blutdruck steigt, deswegen schlucke ich ja fleißig meine Pillen. Und stehe auch brav in der Apotheke. Irgendwie geht es nicht voran. Vor mir eine ältere Dame mit Hackenporsche, auf dem schwarz auf schwarz ein Peace-Zeichen prangt. Es gibt Probleme mit dem Computer. Ihre Karte wird nicht angenommen. Na toll, denke ich. Eine Revolution, wie man sie nicht haben will: Mein erstes Mal mit E-Rezept, und bereits bevor ich dran bin, bricht das System zusammen. Und man hat mich nicht mal vor die Wahl gestellt.

Die junge, freundliche Apothekerin sagt, dass sie den Computer neu startet. Die Dame vor mir nimmt das zum Anlass einer Generalabrechnung. Mit fester Stimme sagt sie: »In dieser Stadt funktioniert sowieso nichts mehr. Ich muss ja mit dem Bus kommen. Das kostet mich jedes Mal sieben Euro. Sieben Euro, das sind 14 Mark. Ich wohne am Schloss Bellevue …«

»Schloss Bellevue ist doch schön«, sagt die Apothekerin, die nicht richtig zuhört, weil sie verzweifelt die Tastatur bearbeitet.

»Schön ist ja schön und gut«, schimpft die Alte weiter. »Die Apotheken haben da alle zugemacht. Deswegen muss ich bis hierherfahren. Na, immerhin ist mein Arzt ja auch hier im Haus. Nee, diese Stadt, Berlin, da funktioniert überhaupt nichts mehr. Alles heruntergekommen! Und die wollen Weltstadt sein! Dass ich nicht lache! Weltstadt, ha ha ha. Paris ist eine Weltstadt! Paris! Aber Berlin? Ich bitte Sie!«

»Ja«, sagt die Apothekerin, die ihre Freizeit vermutlich im *Berghain* verbringt, auch wenn sie mehr nach Großraumdisko Luckenwalde aussieht. »Da haben Sie recht. Aber keine Sorge! Gleich ist das System wieder da.« Ist das eine Deeskalationsstrategie?

So richtig fruchten tut sie allerdings nicht. Denn die Alte hat sich mittlerweile in Rage geredet. »Und morgen wird schon wieder gestreikt. Wer ist es diesmal? Da kommt man ja ganz durcheinander, Bauern, Spediteure, Lokführer, Flughafenpersonal. Entweder es geht nicht voran, weil kein Durchkommen ist wegen Blockaden, oder es geht nicht voran, weil keiner fährt oder fliegt.«

»Morgen streikt die BVG«, sagt die Apothekerin.

»Streiken die nicht jeden Tag? Kommt mir so vor. Manchmal stehe ich Stunden an der Haltestelle. Da taucht kein Bus auf. Die BVG, na klar! Hoffentlich kriegt das hier überhaupt jemand mit, dass zur Abwechselung mal aus Absicht nichts fährt. Weltstadt, ha! Paris dagegen, wenn da mal gestreikt wird, rollen am Ende Köpfe. War zumindest früher so. Keine Ahnung, wie das heute ist. Ich kriege ja auch gar nicht mehr so viel mit, weil das jetzt alles nur noch in diesem Internetz drin steht.«

»Ja, das glaube ich, harte Zeiten!«, sagt die Apothekerin und schiebt die Karte der Dame erneut in ihr Lesegerät. »Also, irgendwie funktioniert das immer noch nicht.«

»Ich sag's doch! Alles geht den Bach runter! Morgen könnte ich also schon mal gar nicht wiederkommen, wenn das heute nichts mehr wird. Und ich brauche ja meine Medikamente. Sonst rege ich mich wieder viel zu schnell auf. Immer schlimmer wird das hier! Von wegen Weltstadt! Wenn das so weitergeht, fange ich bald auch an zu streiken!« Sie schüttelt ihr graues Haupt. »Schade, dass ich keinen Trecker habe. Den braucht man heutzutage ja, um sich Gehör zu verschaffen. Die halbe Nacht habe ich neulich kein Auge zugekriegt. Dieses ganze Gehupe und Getröte. Eine schöne Weltstadt ist das! Alles voller Trecker. Bin ich hier in Brandenburg oder was? Das Bauernpack hat die ganze Straße des 17. Juni vollgeparkt. Wahrscheinlich stehen da immer noch welche. Vielleicht sollte ich mir einfach einen ausleihen, um mir endlich auch Gehör zu verschaffen. Als ich so jung war wie sie, bin ich bei der

Kinderlandverschickung öfter mal Trecker gefahren. Heimlich in der Nacht. Der ließ sich ganz leicht kurzschließen mit einer Haarnadel. Ich glaub, das mach ich! Wenn morgen kein Bus fährt, komme ich eben mit dem Trecker!«

»Ich glaube, das müssen sie wirklich«, sagt die Apothekerin. »Irgendwie spinnt das System. Tut mir sehr, sehr leid!« Sie reicht der Dame ihre Karte zurück.

»Was ist das denn?« Die Alte lacht auf. »Das ist ja meine Sparkassenkarte! Damit kann das ja gar nicht gehen.«

»Oh«, lacht die Apothekerin mit. »Ich hab das auch nicht gesehen. Kein Wunder, dass es mit diesem Land so bergab geht. Bei all den Karten muss man ja durcheinanderkommen!«

Aber wirklich, denke ich. Ob man mit so einer Karte auch einen Trecker starten kann? Oder sollte ich mir doch alles auf eine Kassette spielen lassen? Ist ja doch nur die alte Leier: Dass hier alles den Bach runtergeht. Kein Wunder auch, dass dieser Bach in letzter Zeit so häufig über die Ufer tritt.

Apathisch sehe ich zu, wie die alte Dame die richtige Karte rauskramt und ihre Pillen bekommt, begleitet von weiterem Gezeter über dieses piefige Berlin.

Als ich dann endlich dran bin, reiche ich meine Karte rüber. »Da müssten zwei Rezepte drauf sein.«

Die Apothekerin schüttelt bedauernd den Kopf. »Nee, sorry, da ist nichts. Wobei ...«, sie drückt eine Taste. »Glückwunsch, Sie haben 1.480 Punkte. Noch zwanzig mehr, und Sie bekommen ein stylisches Blutdruckgerät. Wobei, ich sehe gerade, Sie haben neulich beim Getränkemarkt eine Flasche Gin gekauft. Das gibt mächtig Abzüge im Gesundheitsbereich. Die aber können sie wieder gutmachen, wenn Sie Vitamin-B-Komplex-Kapseln kaufen, die gibt's gerade im Angebot und Sie kriegen doppelt Punkte dafür.«

»Was ist das denn für'n Scheiß?«, rufe ich. »Und überhaupt, wieso wissen Sie das mit dem Gin?«

»Sie haben mir wohl Ihre Payback-Karte gegeben.«

»Dieser ganze Kartenscheiß! Ich könnte ausrasten.«

»Junger Mann, so ist richtig!«, kommt's mit einem Mal von hinten. Die Dame mit ihrem Peace-Porsche hat's gerade mal bis zum Ausgang geschafft. Jetzt strahlt sie mich an. »Wollen Sie nicht mit mir auf den Trecker?« Sie zieht sich eine Nadel aus der Frisur und streckt sie mir entgegen. »Endlich ordentlich Rabatz machen. Ich glaub, das würde Ihnen auch mal gut tun! Denn irgendwann ist auch mal Payback-Tag.«

PISS-PARABEL
Heiko Werning

»Papa, Papa! Erzähl uns eine Geschichte!«

»Na gut, liebe Kinder«, hebe ich an, »eine ganz kurze noch. In unserem Hausflur gibt es ja diese zunehmende Tendenz zur Verwahrlosung.« »Du meinst die ›Zu verschenken‹-Kisten?«, fragen die Kinder. »Nein, diesmal nicht«, sage ich. »Euch ist doch sicher auch schon aufgefallen, dass in letzter Zeit in unserem Flur ständig in die Ecke gepinkelt wird.« »Ja, allerdings«, nicken die Kinder, »dabei ist die Haustür doch eigentlich immer abgeschlossen.« »Ja«, erkläre ich geduldig, »aber man kann sie mit einem beherzten Tritt problemlos aufspringen lassen, sodass letztlich jeder von der Seestraße rein kann. Das scheint sich herumgesprochen zu haben.« Tatsächlich riecht es allmählich etwas streng im Flur. Und sieht auch wenig einladend aus, weil meist eine gelbliche Lache in der Ecke auf dem Boden steht.

»Nun hat es der Frau von der Hausmeisterserviceagentur offenbar gereicht«, erzähle ich weiter. »Denn als ich heute Abend nach Hause gekommen bin, hing da an der Haustür von innen, genau über der bevorzugten Pinkelecke, ein neuer DIN-A4-Zettel. ›PISSEN VERBOTEN !!!‹, steht da. In Großbuchstaben. Mit drei Ausrufezeichen. Darunter, damit niemand sich rausreden kann, er habe es nicht verstanden: ›PISSING FORBIDDEN !!!‹ Und darunter, damit niemand sich rausreden kann, er könne halt nicht lesen, ist im Stil eines allgemeinen Verkehrsverbotsschildes, also dieser rot gerahmte, weiße Kreis mit dem fetten diagonalen Strich, ein stilisierter pullernder Mann zu sehen, der ebenfalls dick rot durchgestrichen ist. Darunter schließlich noch der erläuternde Hinweis für alle, die nach dem Grund für die Restriktion fragen: ›DAS IST KEIN KLO !!!‹ Und natürlich: ›THIS IS NOT A TOILET !!!‹«

Noch während ich den Aushang erstaunt ansah, kam der Nachbar aus dem dritten Stock mit seiner Frau rein und guckte ebenfalls auf den neuen Zettel. Dann schüttelte er mit dem Kopf und sagte: »Es wird wirklich immer schlimmer hier.« Und fügte an: »Von diesem Zettel geht doch wirklich so etwas subtil Passiv-Aggressives aus. Alles ist in Großbuchstaben geschrieben. Und mit drei Ausrufezeichen. So als sei das hier nicht unser Hausflur, sondern ein Posting auf Twitter-heißt-jetzt-X. Oder ein Leserkommentar auf Welt-online. Man möchte doch nicht im eigenen Hausflur angeschrien werden. Unangenehm.«

»Auch diese Verbotsschild-Symbolik ist doch scheiße«, stimmte seine Frau ihm zu. »Ein durchgestrichener Mensch! Das geht doch gar nicht! Man kennt solche Schilder höchstens mit Hunden. Hier werden ihre Notdurft verrichtende Personen entmenschlicht. Das ist Nazi-Metaphorik!«

Dann kam der alte Hoppe aus dem zweiten OG dazu. Auch er starrte auf das Schild und schüttelte verärgert mit dem Kopf. »Mann, Mann, Mann«, grummelte er, »nichts darf man mehr in diesem Land. Was wollen sie uns denn noch alles verbieten? Das kommt dabei raus, wenn die Grüninnen mit ihrem Umerziehungswahn regieren. Erst nehmen sie uns die Parkplätze weg für ihre Lastenräder, dann dürfen wir keine Currywurst mehr essen, und jetzt verbieten sie uns auch noch das Pissen! So weit ist es schon gekommen mit diesem Tugendterror!«

Als die kiezpolitisch engagierte Nachbarin aus dem Seitenflügel hinzukam, zeigte sie sich ebenfalls empört: »Das waren doch garantiert wieder Zugereiste. Wahrscheinlich Schwaben! Kommen aus ihren Provinzkäffern hierher und beschweren sich über alles, was nicht so ist wie in ihrer Kleinstadtidylle, aus der sie gekommen sind. Meine Güte, das hier ist Berlin! Hier ist eben nicht alles so aufgeräumt wie in Tuttlingen oder Reutlingen oder Sindelfingen oder sonst einem Ingen. So geht es doch los! Erst beschweren sie sich über den Müll auf der Straße, dann darüber, wenn es nach zwei Uhr nachts mal ein bisschen lauter ist, und jetzt soll man hier nicht mal mehr in den Hausflur pissen dürfen! Voll die Gentrifizierung!«

»Ausländerfeindlich ist es auch!«, beschwerte sich dann die Krankenschwester aus dem Virchow aus dem Zwoten im Vorderhaus. Allmählich hatte sich ein richtiger kleiner Auflauf um den Aushang gebildet. »Dass das da extra noch auf Englisch steht, ist ja bloß die schlecht verbrämte Unterstellung, dass es Menschen aus anderen Kulturkreisen sind, die hier in den Hausflur pissen.«

»Ach was!«, pöbelte jetzt Kasulke aus dem Vorderhaus. »Man ist doch fremd im eigenen Land allmählich. Erst kommen die Türken und machen alles voll mit ihren Üs und Ys, und jetzt ist alles auf Englisch inzwischen. In der Kneipe gegenüber versteht überhaupt niemand mehr Deutsch, da musste sogar dein Bier auf Englisch bestellen, sonst glotzen sie dich nur verständnislos an. Und was heißt überhaupt Bier? Richtiges Bier haben die da ja gar nicht mehr, sondern nur noch irgendwelche IPAs oder sonst so'n Kunstscheiß für achtfünfzig den halben Liter. Und jetzt darf man die Plörre hier nicht mal mehr hinpissen!«

Die Jugendliche aus dem Dachgeschoss beklagte sich, dass das Schild voll sexistisch sei, weil da nur ein pinkelnder Mann abgebildet ist. Dabei wisse man doch gar nicht, ob hier immer nur Männer hinpinkeln. Das könnten ja nun ebenso gut auch Frauen sein. »Oder Non-Binäre!«, gab ihr Bruder zu bedenken. »Da bemühen wir uns um genderneutrale Toiletten an der Uni, und dann stößt man im eigenen Hausflur auf so eine exkludierende Bildsprache!«

Die Stimmung wurde zunehmend gereizt, ein Hauch von Revolution lag in der Luft. »Aber, Leute!«, rief ich. »Ihr habt natürlich auf die eine oder andere Weise alle Recht. Doch meint ihr nicht, ihr habt einen nicht ganz unwichtigen Aspekt übersehen?«

Es wurde still im Hausflur. Die Nachbarn schauten sich ratlos um. »Ist euch denn gar nichts aufgefallen?«, fragte ich weiter. Sie schnupperten fahrig in den stechenden Uringeruch. Dann sagte Hoppe: »Nö, was denn?« »Nun ja«, führte ich vorsichtig an, »guckt doch mal richtig hin!« Sie schauten in die Ecke, in der auf dem Boden die gelbliche Pfütze stand. Dann schüttelten sie wieder mit dem Kopf: »Was soll sein?«, fragten sie.

»Meine Güte!«, zeigte ich mich nun doch etwas ungehalten. »Das muss euch doch auffallen!« Ich zeigte auf den Zettel: »Da ist immer ein Leerzeichen vor den drei Ausrufezeichen! PISSEN VERBOTEN – Leerzeichen – Ausrufezeichen. Da darf aber laut Satzregeln im Duden kein Leerzeichen hin! Das Ausrufezeichen wird direkt ohne Leerzeichen oder Freiraum an das letzte Wort des Ausrufesatzes angeschlossen! Das ist doch nicht so schwer!«

»Ja, stimmt!«, riefen die Nachbarn, und: »Jetzt reicht es uns aber wirklich!« Dann haben wir gemeinsam entschlossen den Zettel von der Tür gerissen. Und anschließend haben wir alle zusammen in die Ecke gepinkelt. Das tat gut. Wir lassen uns hier nichts verbieten und nichts vorschreiben. Erst recht nicht auf exkludierende, sexistische und vor allem nicht dudenkonforme Weise. So weit kommt das noch!

Zufrieden gingen wir zurück in unsere Wohnungen. »Allerdings müsste man mal die Hausverwaltung verständigen«, sagte der alte Kasulke noch zum Abschied. »Irgendwie riecht es im Flur in letzter Zeit immer so.« Wir nickten zustimmend. »Da müsste man mal was tun!«

So endete also meine kleine Geschichte. Die Kinder sahen mich ratlos an. »Was war das denn?«, fragten sie mich erstaunt. »Das, liebe Kinder«, erklärte ich ihnen, »das ist der Grund, warum es in diesem Land einfach nicht vorangeht mit dem Klimaschutz. Oder der Verkehrswende. Oder dem Kampf gegen Rassismus. Und jetzt schlaft schön!«

EIN WELTERBE FÜR DEUTSCHLAND

Volker Surmann

Eine Initiative fordert die Anerkennung des deutschen Antisemitismus als immaterielles Welterbe. Kritik daran kommt auch aus dem Ausland. Überraschend hingegen ist die Reaktion der Bundesbeauftragen für Kultur und Medien BKM.

»Dieses Jahr muss es klappen, noch nie standen die Zeichen so gut!«, blickt Dr. Hilmar Berghausen gespannt auf die nächste Sitzung der Deutschen UNESCO-Kommission. »Wir schaffen das!«, gibt er sich überzeugt.

Berghausen ist Kulturanthropologe an der technischen Hochschule für Landbau und Düngewirtschaft im thüringischen Sonneberg und Vorsitzender der Initiative »Antisemitismus jetzt!«. Diese hat sich zum Ziel gesetzt, den deutschen Antisemitismus als immaterielles UNESCO-Welterbe eintragen zu lassen. Mehr als 88.000 Unterschriften hat die Initiative schon für eine entsprechende Petition an die Kultusministerkonferenz gesammelt.

Wir sind erstaunt: Wer unterschreibt denn da?

»Ach, wenn Sie mich so fragen«, lächelt Berghausen hintersinnig. »Eigentlich alle. Antisemitismus eint – über alle Lager hinweg. Antisemitismus verbindet. Da steht der Neonazi mit Baseballschläger vereint neben der woken Veganerin, die sich gestern noch vor einen SUV geklebt hat! Und spätestens seit Beginn des israelischen Angriffskriegs auf Palästina ...«

»Mooooment mal!«, melden wir Protest an.

»Ja ja, ich weiß«, beschwichtigt Berghausen. »Da gibt es auch abweichende Sichtweisen. Sagen wir es mal ganz neutral und wertfrei: Seit dieser Scheiße da in Gaza haben auch viele Linke intuitiv begriffen, dass ›Free Palestine from German guilt!‹ nicht ganz ohne Antisemitismus möglich ist. Das hat uns viel Unterstützung beschert.«

Berghausen verweist auf die Petition, die den deutschen Antisemitismus ausdrücklich zur hiesigen Leitkultur zählen möchte. »Deutschland hat am Erbe des Antisemitismus zu tragen.« Das sei ja allgemeiner Konsens, aber »da steckt das Erbe natürlich schon mit drin!«, schließt der Wissenschaftler messerscharf: »Lassen Sie uns dieses Erbe doch einfach *annehmen*!« Erben sei nie einfach. »Ich habe von meiner Familie eine Halbglatze und eine Standuhr geerbt. Beide sind potthässlich. Aber ich habe dieses Erbe angenommen. Weil es zu mir gehört!« Nicht anders sei es mit dem Antisemitismus. »Ob Sie den nun gut finden oder nicht, ist kulturanthropologisch zweitrangig«, betont Berghausen. »Ich mag weder das Oberpfälzer Spitzenklöppeln noch deutschsprachigen Poetry Slam, und trotzdem zählt beides in Deutschland zum immateriellen Welterbe.«

Kultur sei das, was in den Köpfen wachse und interpersonell geteilt werde. »Kultur ist eine Leistung eines Kollektivs und ein Anker für dasselbe!« Und wer wolle abstreiten, dass antisemitische Grundhaltungen seit Jahrtausenden die deutsche Kultur immer wieder maßgeblich beeinflusst hätten? Berghausen zählt auf: »Ohne den deutschen Antisemitismus waren kulturelle Leistungen wie Martin Luther, Richard Wagner, die Judensau zu Wittenberg, Martin Walser oder Kollegah schlicht undenkbar gewesen!« Er kommt zur nicht überraschenden Schlussfolgerung: »Der Antisemitismus gehört zu Deutschland. Wie der Islam. Wie der Katholizismus. Wie grobe Leberwurst.«

Natürlich bleiben Berghausen und die Seinen nicht ohne Kritik. Der Zentralrat der Juden schäumt vor Wut, auch der Verfassungsschutz in Thüringen hat an ihnen schon mal vorbeigeschaut, doch auch von unerwarteter Seite kommt Widerspruch. So erklärte die US-amerikanische Philosophin Judith Butler, es sei mal wieder typisch von Deutschland, sich in einem »patriarchalen Akt der aggressiven Kolonialhegemonie nun auch noch den Antisemitismus kulturell aneignen zu wollen«. Dieser jedoch sei universelles Menschenrecht, betonte die Philosophin in einem Gastbeitrag fürs BDS-Mitgliedermagazin *Zion To Hell* unter der programmatischen Überschrift »Decolonize antisemitism!«.

Still ist es hingegen in der deutschen Kulturpolitik. Bei der Kultusministerkonferenz sei kein entsprechender Welterbe-Antrag eingegangen, heißt es. Man könne da nichts kommentieren. Mit eisernem Schweigen reagierte auch die Beauftragte der Bundesregierung für Kultur und Medien BKM. Erst auf beharrliches Nachfragen meldete sich eine Augsburger Mitarbeiterin der Behörde bei uns, die namentlich nicht genannt werden möchte. Bei der BKM, heißt es, arbeite man »seit längerem daran, den Antisemitismus auch in der Kunst und Hochkultur zuzulassen.« Es sei daher kein Zufall, dass die Dementis der BKM bei den Eklats um Documenta und Berlinale stets windelweich ausgefallen und meistens zu spät gekommen seien. Dahinter stecke ein überzeugendes, wenn auch gefährliches Kalkül der Bundesbeauftragten. Unsere Quelle im Wortlaut: »Sagen wir es so: Alle bisherigen Strategien, den Antisemitismus durch Überzeugungsarbeit kleinzuhalten, sind gescheitert. Deshalb ist es gut, wenn nun immer mehr linksgrüne bildende Künstler*innen, Filmemacher*innen mit möglichst vielen Sternchen offen antisemitistische Positionen vertreten. Der Antisemitismus muss nur woke genug werden, dann wird sich der Rest Deutschlands schon von ihm abwenden!«

Berghausen schaut weiter auf seine Petition, deren Zustimmung minütlich wächst, und hofft auf die deutsche UNESCO-Kommission. »In Sachen Antisemitismus war auf die UNO bislang meist Verlass«, gibt er sich optimistisch.

Berghausen denkt perspektivisch. Eine zweite Initiative seines Vereins ist schon in der Pipeline. Die Anerkennung der mittelalterlichen Hexenverfolgung als Weltkulturerbe. »Welch immense kreative Energie hinter einer solch abwegigen Idee stand!«, frohlockt Berghausen. »Das muss man doch würdigen! Und einmal im Jahr irgendwo eine einzige kleine Hexe zu verbrennen, das sollte uns die Brauchtumspflege in Deutschland doch wert sein!«

BERLIN – HOCHBURG DES TERRORISMUS

Eine Art Dramolett in drei Akten

Robert Rescue

1. Akt: Die Begegnung am Büchertisch

Es ist fünf Jahre her, da hatten die Brauseboys einen Auftritt in Kreuzberg. Nach der Show kam eine ältere Frau an den Büchertisch. Sie kaufte ein Gemeinschaftsbuch und sagte dann zu mir: »Das war ein interessanter Text über die RAF. Also die Vorstellung, wie sie heute so leben und ihre nächsten Aktionen planen. Ich glaube aber nicht, dass Ernst-Volker eine Lidl-Karte hat, die er dann bei einem Überfall benutzen kann.«

»Na ja, das war nur eine Vorstellung. Man weiß ja nichts über die. Ich schätze mal, die leben irgendwo in Niedersachsen im Untergrund, und alle paar Jahre überfallen die einen Supermarkt, um ihren Lebensunterhalt zu bestreiten.«

Die Frau vor mir lächelte. »Das mit der Lidl-Karte sollten Sie ändern. Ernst-Volker kann diesen Laden überhaupt nicht leiden. Er geht gerne zum ALDI.«

Mann, dachte ich wenig später, was für eine Verrückte. Nirgendwo ist man vor diesen Leuten sicher, die einem nach der Show irgendwas Irres erzählen.

2. Akt: Die Verhaftung

Ein Telefon klingelt.

»Moin, hier spricht Moin Moinsen vom LKA Niedersachsen.«

»Wat? Moin, wat? Moinsen?«

»Regen Sie sich nicht auf, ist eh ein Tarnname. Könnt ihr

mal eine Spur überprüfen? Wir haben auf einem weggeworfenen Döner von ›Kemals Döner‹ in Papenburg Fingerabdrücke gefunden. Unter uns gesagt, der Döner von Kemals Bude ist scheußlich, den schmeißt jeder weg. Egal, der Computer behauptet, dass die Abdrücke von Daniela Klette, der RAF-Terroristin, stammen könnten. Die von der RAF müssen tief gesunken sein, wenn sie einen Döner bei Kemals Bude bestellen. Könnt ihr mal überprüfen, ob die zu einer Claudia Ivone, wohnhaft in Kreuzberg, gehören? Vermutlich ist die Spur kalt wie der Döner von Kemals Bude. Terroristen sind kluge und gemeingefährliche Leute, die würden nie einen halb gegessenen Döner wegschmeißen, aus Angst, dass der gefunden wird. Den von Kemal würden die, ohne mit der Wimper zu zucken, aufessen, ich sage ja, das sind gefährliche Leute.«

»Okay, wir kümmern uns drum, Herr Moinsen. Wir schicken unsere besten Leute hin.«

»›Beste Leute‹? Bei der Berliner Polizei? Guter Witz. Ruft mich an, wenn ihr was wisst.«

Bodo Kasulke und Ingrid Schlottke sind Kontaktbereichsbeamte, die sonst ungezogene Kinder mit Nackenschlägen und Tasern zur Ordnung rufen. Manchmal hetzen sie auch ihren Hund Bolle auf Straftäter, um deren Kampfhunde zu zerfleischen. Der Auftrag, eine möglicherweise gemeingefährliche Terroristin zu verhaften, bereitet ihnen Sorge. Sie gehen davon aus, dass sie gegen Nackenschläge immun ist, ihnen mit einer Kung-Fu-Bewegung den Taser entreißt und die elektrische Entladung aufsaugt wie ein Vampir und Bolle den Kopf abbeißt. Aber Befehl ist Befehl, und einfach sagen, es wäre niemand dagewesen, und dem scheiß Niedersachsen mitzuteilen, er solle sich seine Dönerspur sonst wohin stecken, na ja, das könnte Ärger nach sich ziehen. Sie klingeln an der Wohnungstür. Eine etwa 65-jährige Frau öffnet die Tür.

»Hallihallo, die Polizei ist da. Haben Sie im November 2023 einen Döner bei Kemals Bude in Papenburg halbgegessen weggeschmissen und sich damit verdächtig gemacht?«

»Ich bin Daniela Klette«, sagt die Frau plötzlich. »Ich bin Mitglied der RAF und habe diesen Drecksstaat bekämpft, um die Weltrevolution voranzubringen. Meine Mitgliedsnummer lautet: 181. Ja, ich habe diesen Döner bestellt und es bereut. Ich bekenne mich schuldig in allen Anklagepunkten.«

Bodo Kasulke und Ingrid Schlottke stehen einen Moment überrascht da. Schlottke holt das Fahndungsfoto heraus, das ihnen der Chef mitgegeben hat. Es hing von 1995 bis 2011 im Hauptpostamt Marienfelde und von 2011 bis heute auf dem Herrenklo des Polizeiabschnitts Kreuzberg. »Kommt hin«, ruft er.

»Mensch, Bodo! Wir haben eine Terroristin gefangen«, freut sich seine Kollegin. »Da kommen wir bestimmt ins Fernsehen. RTL, ALEX TV und ... und ... VOX.«

»Sie sind verhaftet«, ruft Bodo Kasulke. »Nehmen Sie nur das Nötigste mit und keine Waffen oder Sprengstoff. Wenn Sie noch jemanden warnen wollen, dann bitte schnell. Die Niedersachsen holen Sie noch heute ab.«

»Um Gottes Willen, die Niedersachsen!«, ruft Daniela Klette und wird kreidebleich.

3. Akt: Die Pressekonferenz

Moin Moinsen vom LKA Niedersachsen sitzt gemeinsam mit Berlins Innensenatorin Iris Spranger auf einem Podium. Frau Spranger ist gelernte Bilanzbuchhalterin und fragt sich schon länger, was sie hier überhaupt macht.

»Man kann sagen, dass sich die jahrelange Fahndung der niedersächsischen Sicherheitsbehörden gelohnt hat. Es war klar, dass wir Terroristen mit allen Mitteln jagen, uns nicht abbringen lassen vom Ziel, Niedersachsen und die Welt ein kleines Bisschen sicherer zu machen.«

Ein Reporter meldet sich zu Wort: »Daniela Klette war zum Zeitpunkt ihrer Verhaftung 65 Jahre alt, der noch flüchtige Ernst-Volker Staub ist sogar schon 69 Jahre alt. Glauben Sie, dass die letzten RAF-Terroristen noch eine Gefahr für das Land sind? Gibt es Überlegungen, nach Staub in Seniorenheimen zu suchen? Werden alle drei Ex-Terroristen Rente beziehen?«

»Also, Rente kriegen die bestimmt nicht. Ich kann nicht erkennen, dass ihre Aktionen Tätigkeiten darstellen, die einen Rentenbezug erlauben. Die Menschen sind heutzutage leistungsfähiger im Alter als früher. Ich glaube, dass diese Personen immer noch in der Lage sind, einen Arbeitgeberpräsidenten zu entführen oder ein Gefängnis zu sprengen. Man sollte sich bei Terroristen nicht vom Alter trügen lassen. Die sind gefährlich bis zum Tod. Man sollte sie pfählen, damit sie nicht wiederauferstehen und weitere Taten begehen. Die Klette hat Nachhilfeunterricht in Mathematik gegeben. Würde mich nicht wundern, wenn sie den Kindern beigebracht hat, dass eins plus eins gleich drei ist, um damit den Staat zu zersetzen. Und der Garweg hat arglosen Frauen Erfolg bei irgendwelchen Prüfungen gewünscht. Ist doch klar, dass die da durchrasseln, wenn ihnen ein Terrorist Erfolg wünscht. Das ist quasi so, als würde man Salz umstoßen oder einen Regenschirm im Haus öffnen. Bringt alles Unglück. Worauf ich hinaus wollte: Wir in Niedersachsen haben immer geglaubt, dass sich Klette, Garweg und Staub in Berlin aufhalten. Es ist allgemein bekannt, dass Berlin die Hochburg für eine gut vernetzte, bundesweit und global agierende linksextreme Szene ist.«

»Jetzt habe ich aber die Faxen dicke«, ruft mit einem Mal Iris Spranger. »Berlin wird ständig schlecht gemacht. Zu langsam, zu unflexibel, alles kaputt. Das mag ja alles stimmen, aber definitiv sind wir nicht die Hochburg für eine gut vernetzte, bundesweit und global agierende linksextreme Szene. Das ist ja wohl die Höhe!«

»Ach ja?«, entgegnet Moin Moinsen. »Und was ist hiermit?« Er lässt ein Video abspielen, auf dem ein Passant interviewt wird. »Da habe ich jahrelang neben der Genossin gewohnt, das gibt's ja nicht«, sagt er und verabschiedet sich mit der Parole »Rotfront«.

»Ach, das ist nur ein besoffener Wichtigtuer«, entgegnet die Innensenatorin. »Davon haben wir Hunderttausende in der Stadt.«

»Ich denke ja, den Burschen verhaften wir mal«, kontert Moinsen. »Vielleicht weiß der, wo sich Garweg und Staub aufhalten, oder er ist einer von beiden.«

»Sie werden gar nichts in meiner Stadt mehr machen, Sie Niedersachse, Sie!«, ruft die Innensenatorin. »Seit Tagen fahren Sie mit ihrem Panzer durch Friedrichshain und machen mit ihrem SEK einen auf dicke Hose. Gehen Sie doch in Hannover oder auf Norderney Terroristen jagen, von Berlin gibt es keine Unterstützung mehr.«

Die beiden Kontrahenten erheben sich und gehen aufeinander los. Die Pressekonferenz wird abgebrochen. Später wird Berlin sämtliche diplomatischen Beziehungen zu Niedersachsen abbrechen und den Panzer des LKA demontieren, um damit die Einheitswippe vor dem Humboldtforum fertigzubauen.

SEESTERN: BEZAHLKARTE

Frank Sorge

Ralle: Sag mal, Dieter, wat ick mir gerade frage.

Dieter: Ja, wattn?

Ralle: Weil ick hier in die Zeitung vonna Bezahlkarte für Flüchtlinge lese. Womit habn die denn vorher bezahlt?

Dieter: Vorher? Na, mit Jeld.

Ralle: Nee, ick meine is doch sowieso allet Kartenzahlung mittlerweile. Brauchst du für irgendwat noch Bargeld?

Dieter: Halluzinierst du, Ralle, kiek dir mal um? Der Tag, an dem Marie hier Kartenzahlung im Seestern anbietet, heißt St. Nimmerlein.

Ralle: Aber sie hat Deckel, dit sind ooch Karten irgendwie.

Dieter: Okay, haste eigentlich recht, janz schön raffiniert von ihr, sich nich an die üblen Machenschaften der Karten-Mafia auszusetzen, sondern ihre Kreditkarten einfach selber auszujeben. Aber wenn wa ehrlich sind, isset doch ooch eher Risikokapital.

Ralle: Na, komm, wenn Monatsanfang is, legen wir ihr ooch Scheine hin und sagen: »Stimmt so«.

Dieter: Jenau, und dann sagt se: »Stimmt so nich, is noch lange nich allet«. Zinsen kann se von uns nich erwarten.

Ralle: Na, wenn die Flüchtlinge nich mal hier in *Seestern* wat kriegen können mit ihrer Karte, find ick dit nich jut.

Dieter: Aber die komm doch eh nich her.

Ralle: Ja, aber vielleicht deswegen. Henne oder Ei, Dieter, wat zuerst war, is nich immer so einfach zu ermitteln.

Dieter: Haste schon privat Cannabis legalisiert, oder warum redest du heute so philosophisch?

Ralle: Hab ick nich, aber könnten wa Marie vorschlagen, dat sie dit mit ins Programm nimmt.

Dieter: Darf se doch janich, Ralle, darfste allet nur privat denne oder im Verein.

Ralle: Na siehste, jeder Verein braucht doch ooch ne Gaststätte.

Dieter: Wo lebst du denn? Dit war früher vielleicht so, zwee Stunden Fußball spielen und dann bis nachts um drei inna Kneipe, aber dit machen die jungen Leute so nich mehr.

Ralle: Wat denn für junge Leute, Dieter? Jibt doch kaum welche mehr in Deutschland. Sind doch alle 50-plus, ooch hier inna Jejend, warum komm die nich mal rin in *Seestern*?

Dieter: Reich ick dir nich mehr für Gesellschaft?

Ralle: Na ja, wenn de jeden zweiten Tag als Frau auftauchen würdest, wäre schon besser.

Dieter: Jetzt hörts hier aber mal uff mit die Fantasien, is schon wieder Frühling?

Ralle: Na klar, bunter die Blüten nie blühten.

Dieter: Also, ick fasse zusammen: Marie soll Vereinsjaststätte für een Cannabis-Club werden, wo außerdem Flüchtlinge mit Karte bezahlen können. Andere Jäste kommen wechselweise verkleidet, um zu zeigen, wie weltoffen wir sind. Dann is den janzen Tag Rambazamba, und der Herr Ralle lacht sich ne flotte Rentnerin aus der Nachbarschaft an.

Ralle: Ick mein einfach nur für die Abwechslung. Wat ick an dir habe, weeß ick ja, aber seit die Pandemie is hier noch weniger los jetzt als vorher schon.

Dieter: Aber komm, letzten Mittwoch ...

Ralle: Da war der Holgi mit sein Hund ne halbe Stunde da. Nüscht jejen Holgi, aber een Großereignis war dit nich gerade.

Dieter: Dit mit dem Gras wird aber nicht funktionieren, Ralle, hier is doch gleich ne Kita nebenan.

Ralle: An Schnaps stören die sich ooch nich, außerdem is dit ne Raucherkneipe. Und hier gleich nebenan rauchen die seit Jahren ooch im Laden, also Gras meen ick, dabei ist dit nich mal ne Jaststätte, sondern Friseur.

Dieter: Beim Friseur rooch ick ooch immer.

Ralle: Ja, weil du zum letzten Laden jehst, wo se dir sojar noch een Bier hinstellen.

Dieter: Jenau, dit is noch alte Schule, außerdem musste mal zusammenrechnen, Kaffee krieg ick meistens ooch noch, die Haare kosten dann fast nüscht mehr.

Ralle: Naja, ville is bei dir da eh nich mehr zu retten.

Dieter: Weil ick mehr nachdenke als du, und nicht immer nur B.Z. lese.

Ralle: Nur weil du deiner Nachbarin ab und zu den Tagesspiegel von der Tür nimmst, wenn sie bei ihrem Lover is.

Dieter: Dit hab ick dir erzählt?

Ralle: Na, klar, und dat se den in der Pandemie kennenjelernt hat im Internet und dat er bei der Post arbeitet. Und du dit lustig findest, wenn der vorbeikommt in seine Uniform, dat er immer zweemal klingelt.

Dieter: Ach ja, hat ick selbst schon verjessen. Im Moment fährt se immer zu ihm, ick weeß schon nich mehr, wohin mit die Zeitungen.

Ralle: Interessant.

Dieter: Findeste?

Ralle: Nee.

Dieter: Na, denn lass mal aufhören heute. Marie, ick bezahl mit Karte.

Marie: Karte is voll.

Ralle: Siehste ma, jedet System hat seine Tücken.

AM NATURSORGENTELEFON

Heiko Werning

Ich muss mal wieder mein Karma auffüllen und vielleicht auch meine Einnahmen. Da erscheint mir das Angebot für ein paar Aushilfsstunden im Homeoffice an der Hotline eines Naturschutzvereins eine attraktive Option. Und eine Geschichte fällt vielleicht auch noch dabei ab.

Ein bisschen aufgeregt bin ich, als das Öko-Telefon am Tag X dann wirklich klingelt. Mein erster Fall! Ich bin gespannt. Und habe offenbar sofort Glück. Denn die höchste Aufgabe des ökologischen Telefonseelsorgers ist es, Spender für die gute Sache zu rekrutieren. »Guten Tag, mein Name ist Professor Leonstein, ich würde gerne für den Naturschutzverein spenden.« Oha. Jemand, der sich als Professor vorstellt, erfordert natürlich besonderes Fingerspitzengefühl. Aber vielleicht ist da ja richtig was zu holen. Ich reagiere mit der gebotenen Mischung aus Einschleimen und Aufmunterung: »Das ist sehr erfreulich, Herr Professor. Wir können für unsere Projekte jede Unterstützung gebrauchen.« »Das dachte ich mir«, sagt Herr Professor, »deswegen möchte ich jetzt, wo es so kalt ist, die Vögel unterstützen. Ich möchte einen Sack Futter ausgeben.« »Einen Sack Futter?« Ich bin verwirrt. »Genau.« »Na ja, es ist natürlich eine gute Idee, die Vögel zu füttern, das können sie ruhig machen. Geeignetes Vogelfutter bekommen Sie in jedem Gartencenter.« »Ich will die Vögel doch nicht selber füttern. Ich will, dass Sie Futter für die Vögel kaufen.« »Also: Vogelfütterung ist nicht direkt eines unserer Projekte. Sie können uns natürlich gerne mit einer Spende unterstützen, davon profitieren letztlich auch Vögel.« »Nein«, widerspricht Herr Professor energisch, »es soll zweckgebunden sein. Eine zweckgebundene Spende zur Vogelfütterung. Ich dachte an einen Futtersack mit fünf Kilo. Kostet 4,99 Euro, habe ich im Internet recherchiert.« »Sie wollen uns 4,99 Euro spenden?« »Genau. Aber zweckgebunden. Sie müssen damit Vögel füttern. Weil es so kalt ist.« »Haben Sie denn nicht selbst einen Balkon oder Garten, wo sie Vögel füttern könnten?« »Hören Sie, ich werde mir doch hier keine Vögel anlocken, die machen doch alles schmutzig. Dafür sind Sie ja da. Ich spende Ihnen 4,99 Euro, und Sie versorgen die Vögel damit, solange es kalt ist. Da muss man mal zivilgesellschaftliche Verantwortung zeigen.« »Das ist sehr großzügig von Ihnen, aber ich fürchte, es ist nicht unsere Aufgabe, Vögel zu füttern.« »Sie wollen die Vögel verhungern lassen?« »Nein, wir sorgen für geeignete Lebensräume, wir kaufen zum Beispiel Naturgebiete an.« »Und darin füttern Sie dann die Vögel?« »Nein, da können die Vögel dann leben.« »Ohne Futter?« »Na ja, in Naturgebieten füttert man nicht, das ist ja was anderes als in der Stadt ...« »Sie lassen die Vögel einfach hungern? Bei dieser Kälte?« »Es ist jetzt wirklich nicht unsere Aufgabe, Vogelfutter auszustreuen, das machen normalerweise die Hausbesitzer selbst.« »Sie wollen also, dass ich Ihnen für Ihre Vögel das Futter bezahle und dann auch noch Ihre Arbeit mache? Das ist ja wohl eine Unverschämtheit!« Und schon hat er aufgelegt. Das ist jetzt nicht ganz so gelaufen, wie ich es mir vorgestellt habe.

Schon wenige Minuten später bekomme ich meine nächste Chance. »Hallo! Ist da die jährliche Wintergarten-Vogelzählung?« »Ja! Möchten Sie uns mitteilen, welche Vögel sie beobachtet haben?« »Genau. Also: Ich habe drei Mal das Eichhörnchen, zwei Mal die Ratte, drei Mal die Nachbarskatze und eine Wühlmaus! Im Sommer auch Schnecken. Haben Sie das?« »Ähm ...? Also, bei der Aktion geht es um Vögel. Im Winter.« »Das ist ja wohl eine Unverschämtheit! Da engagiert man sich, und dann so was!« Aufgelegt. Der Start ist ein wenig rumpelig, denke ich.

Die nächste Anruferin hat immerhin ein richtiges Anliegen: »Guten Tag, ich rufe an von der Kita *Tüte Flöhe* in Berlin-Friedrichshain. Wir möchten den Kindern gerne mehr über Tiere beibringen und dachten, da sind wir bei Ihnen genau richtig!« Ich atme auf. Das klingt machbar. »Das ist eine gute Idee, dass Sie Bildungsarbeit in diesem Bereich machen wollen. Soll ich ihnen Infomaterial zukommen lassen? Was hätten Sie denn gerne? Vielleicht etwas über den Igel, über Fledermäuse oder Reptilien?« »Na ja, also ich glaube nicht, dass wir die Kinder mit Igeln begeistern. Wir dachten eher an Dinosaurier.« »Hä?« »Na, Kinder interessieren sich für Dinosaurier, das werden Sie doch wohl wissen.« »Ja, aber wir beschäftigen uns hier mit Artenschutz. Für Dinosaurier kommt der ein bisschen spät.« »Aber es gibt doch so tolle Bücher über Dinosaurier. Können Sie uns nicht welche schicken?« »Ich fürchte, die müssten Sie über den Buchhandel bestellen.« »Aber da kostet das doch Geld!« »Das werden Sie dann wohl bezahlen müssen.« »Das ist ja wohl eine Unverschämtheit! Ich dachte, Sie unterstützen Bildungsträger bei umweltpädagogischen Anliegen!« Aufgelegt. Irgendwie läuft es wirklich nicht.

Auch der nächste Anruf ist im Segment Umweltbildung verortet: »Ich bin Schüler in der sechsten Klasse an einem Gymnasium und muss ein Referat über den Grasfrosch halten.« »Ach, das ist ja schön. Was möchtest du wissen? Da kenne ich mich zufällig ganz gut aus.« »Es soll fünf Seiten lang sein.« »Oh, das ist ja ganz ordentlich.« »Ach, das werden Sie schon hinkriegen.« »Was?« »Na ja, fünf Seiten über den Grasfrosch, das sollte ja wohl kein Problem für Sie sein.« »Wie?« »Ich sage Ihnen meine Mail-Adresse, und Sie schicken mir das dann einfach.« »Hä? Ich schreibe dir doch nicht dein Referat! Du kannst gerne Fragen zum Grasfrosch stellen, da kann ich dir sicher helfen.« »Aber Grasfrösche interessieren mich einen Dreck. Dafür sind Sie doch da. Machen Sie ruhig einfach.« Diesmal lege ich auf. Also wirklich. Ängstlich schaue ich auf das Telefon. Was mag da noch alles kommen in dieser Woche? Dieses hier:

1) »Guten Tag. Auf ihrer Seite steht, dass man im Notfall verunglückte insektenfressende Vögel mit hartgekochtem Hühnerei füttern soll.« »Ja, das ist am besten, wenn sie nicht zufällig Insekten zur Hand haben. Das Eiweiß kommt der Konsistenz und den Nährwerten eines Insekts am nächsten.« »Das ist unethisch.« »Wieso das denn?« »Na, ein Ei! An einen Vogel! Das ist Kannibalismus! Haben Sie da nichts Veganes?«

2) »Ist da das Naturtelefon vom Naturschutzverein?« »Ja, genau. Guten Tag.« »Ich kann Sie nicht leiden!« »Was?« »Sie sind doch alle Fortschrittsverhinderer! Sie mit Ihren Lurchen! Jetzt hat schon wieder ein Investor ein Millionenprojekt in Pankow gestoppt, nur wegen irgendwelcher Wechselkröten.« »Na ja, das ist halt eine geschützte Art.« »Weil Leute wie Sie da immerzu so ein Theater drum machen. Als gäbe es nicht genug Lurche.« »Aber es gibt nicht genug Wechselkröten!« »Hören Sie doch auf. Ist doch alles voll mit Kröten, ist doch scheißegal, welche das sind. Aber wissen Sie, was ich mache?« »Nein?« »Um euch Drecksgrüne zu ärgern, sammeln mein Freund und ich jetzt während der Krötenwanderung die Kröten im Teich einfach wieder ein und bringen sie zurück auf die andere Seite der Straße.« »Sie machen was?« »Genau. Und dann fallen die alle wieder in die Eimer, und ihr müsst sie jede Nacht von neuem über die Straße tragen. Das ist sooo lustig!«

3) »Sie müssen mir helfen, ich habe einen Igel gefunden. Der war voll mit Flöhen und Milben und so.« »Das ist normal, das haben die immer. Die können sich halt nicht so richtig

kratzen zwischen den ganzen Stacheln, deswegen schleppen die einiges mit sich herum.« »Ja, deswegen habe ich ihm ein bisschen Erleichterung verschafft, ihn in einen Eimer gesetzt und dann gründlich mit Paral eingesprüht. Aber jetzt benimmt er sich irgendwie komisch, der läuft nicht mehr richtig und zuckt so seltsam.«

4) »Naturtelefon: Was kann ich für Sie tun?« »Ja, der Franz Beckenbauer ist doch gestorben, ist das nicht schlimm?!« »Ja, also, sicher.« »Was sagen Sie denn vom Naturschutzverein dazu?« »Was?« »Na, Sie müssen dazu doch was sagen! Dass der Franz Beckenbauer gestorben ist.« »Also, eine bedrohte Art war der jetzt nicht direkt ...« »Das ist doch völlig pietätlos! Der Kaiser, das war einer der Besten! Ich kündige mein Abo bei Ihnen!«

5) »Sie müssen kommen und etwas unternehmen!« »Worum geht es denn?« »Ich wohne in Spandau.« »Okay, dagegen muss man wirklich etwas unternehmen.« »Wie bitte?« »Kleiner Scherz. Wo liegt das Problem?« »Bei uns im Nachbarhaus!« »Wie bitte?« »Bei uns im Nachbarhaus sind jetzt Chinesen oder so was eingezogen.« »Ja und?« »Wie: ja und? Wir haben eine Katze!« »Ja und?« »Na, hören Sie mal, kriegen Sie denn gar nichts mit? Dass Chinesen Katzen essen, weiß man doch!« »Das meinen Sie jetzt nicht im Ernst, oder?« »Natürlich. Habe ich neulich erst im Internet gelesen. Diese Ausländer essen Hunde und Katzen.« »Das ist doch Unsinn!« »Sie sind doch auch wieder so ein Gutmensch, der die Probleme mit Ausländern nicht wahrhaben will! Ich bin wirklich kein Rechter, ganz bestimmt nicht. Ich bin sogar links! War ich immer schon! Ein Linker! Aber so geht das nicht! Überall Ausländer und jetzt kann ich nicht mal mehr unsere Katze in den Garten lassen. Aber zum Glück kommt jetzt die Sahra Wagenknecht!«

6) »Können Sie mir sagen, mit was ich die Vögel in meinem Garten füttern kann, um sie zu entwurmen?« »Sie müssen

wildlebende Vögel nicht entwurmen. Die haben kein Problem mit der natürlichen Parasitenlast.« »Na ja, die Vögel vielleicht nicht. Aber meine Katze! Die fängt immer die Vögel und frisst sie, und da will ich nicht, dass sie sich irgendwelche Würmer einfängt.«

7) »Ich hätte mal eine Frage: Wie viele Igel können in einem Igelhaus überwintern?« »Igel sind Einzelgänger. Die überwintern nicht zusammen, sondern alleine.« »Ich habe aber ein sehr großes Igelhaus gebaut.« »Die überwintern trotzdem alleine.« »Dann habe ich mir die ganze Mühe ja umsonst gemacht.« »Na ja, ein Igel kann darin doch überwintern.« »Das lohnt doch gar nicht. Aber ich kann ja einfach mehrere Igel reinsetzen.« »Die bleiben da aber nicht, die überwintern einzelgängerisch.« »Na, dann mache ich eben ein Brett davor. Dann können sie nicht raus. Dann werden sie da schon überwintern. Vielen Dank, Sie haben mir sehr geholfen!«

8) »Gestern wollte ich mir einen Wellensittich kaufen. Da sagt die Dame im Zooladen zu mir, dass man die nicht einzeln halten soll.« »Na ja, die leben halt in Gruppen ...« »Dieser Blödsinn ist doch garantiert wieder von Ihnen gekommen! Sie Grüne mit Ihren ganzen Spinnereien! Was wollen Sie uns denn noch alles verbieten! Ich bin stinksauer!«

9) »Hallo, bin ich hier bei der Wintergarten-Vogelzählung?« – »Ja! Soll ich ihre Zählung erfassen?« – »Nein, deshalb rufe ich ja an: Ich habe dieses Mal solche Zahnschmerzen, dass ich nicht zählen kann. Das wollte ich ihnen mitteilen.«

10) »Hallo, ist da das Naturtelefon?« »Ja, richtig.« »Sehr gut. Ich möchte mit Ihnen über Gott sprechen.«

»Und?«, fragt der Hotline-Chef vom Naturschutzverein mich am Ende der Woche. »Ist das was für dich?« »Leider nein«, bedaure ich. Er wirkt resigniert. »Verdammt«, sagt er, »wir könnten wirklich noch jemanden gebrauchen.« »Tut mir leid«, sage ich, »aber das halte ich nicht aus.« »Aber du kannst doch eine Geschichte daraus machen!«, versucht er, mich umzustimmen. »Für eine Geschichte hat die Woche schon völlig gereicht, tut mir leid.« Ich wünsche ihm viel Glück für die Zukunft. Er seufzt schwer.

Er und seine Leute, sie sind wahre Helden des Alltags. Aber ich, das muss ich mir wohl eingestehen, ich bin leider kein Held.

NEUE GEWOHNHEITEN

FRÜHLING 2024

ES IST ZEIT

Frank Sorge

Wir haben in diesem Jahr keine Mühe mit der Zeitumstellung zum Sommer. Denn aus einer gewissen Bequemlichkeit hatten wir die Uhren nicht zur Winterzeit umgestellt vor einem halben Jahr. Wenn man das nicht gleich nach ein paar Tagen macht, ist es dann irgendwann auch egal, außerdem können wir ja rechnen. Wenn es also im letzten Jahr halb neun war, auf unseren Uhren in Küche und Bad, hieß es immer: »Schnell, Kinder, ihr müsst los zur Schule!« Da die Kinder dort auch rechnen lernen, konnten wir uns auf der sicheren Seite fühlen, vielleicht würde es sogar eine Übung sein, nicht zuletzt dafür, dass man Zahlen nicht immer trauen kann.

Klar, nach ein oder zwei Wochen haben wir uns schon gefragt, also jeweils gegenseitig, ob der andere nicht langsam mal vorhatte, die Uhren umzustellen. »Stellst du sie um?« »Keine Lust.« »Soll ich sie umstellen?« »Muss nicht, mach dir keine Mühe.« Als dann schon ein Monat vorbeigegangen war, wo es uns nicht weiter verwirrt hatte, in einer falschen Zeit zu leben, war es für den Rest des Halbjahrs dann auch egal. »Guck mal, dann müssen wir das nächste Mal nicht vorstellen«, beruhigte mich meine Frau, und dieses nächste Mal war jetzt. Wohlig drehten wir uns im Bett, wenn wir aufwachen würden, wäre die Zeitumstellung schon erledigt.

Sehr früh saß da allerdings ein Kind und bestand darauf, Eier zu suchen. Das Kind war seit Tagen aufgeregt wegen Ostern, das war an Ostern selbst nicht besser geworden. Die acht

Uhr an der Wand waren es jetzt wirklich, gerade hatten wir uns noch darüber gefreut.

»Ich könnte die Uhren schon mal auf Winterzeit zurückstellen«, schlage ich vor. »Dann müssen wir nicht in einem halben Jahr und können den Kindern jetzt sagen, es wäre noch sieben Uhr und sie sollen sich verziehen. Für die Woche Ferien ist die Winterzeit praktischer, und zum Schulbeginn rechnen wir wieder.«

»Nein, lass, dann verrechnen sie sich«, sagt die Frau. »Es ist doch gut, mal nichts tun zu müssen.«

Das sagt sie leider dem Falschen, der sich in letzter Zeit oft unfähig sieht, nichts zu tun. Da ist einerseits die Scham, wertvolle Zeit nicht auch sinnvoll zu nutzen, aber vielleicht auch schon eine Art der Hormonschwankung im männlichen Körper, die suggeriert, ich wäre jetzt ja wohl noch voll im Saft und auf der Höhe meiner Leistungsfähigkeit, um Großes zu bewirken. Furchtbar ist es dann, viele Stunden Zeit zu haben, in denen man nicht schafft, was man sich vorgenommen hat. Künstlerische Arbeit und Zwang sind auch nicht gut zu vereinbaren, wenn man erfahren und weise ist. Hätte man vorher gewusst, dass es keinen Sinn hatte, dann hätte man ja auch wirklich mal nichts machen können, um sich zu entspannen. Auch wenn man sich dann dreckig und nutzlos vorkommt, mit dem Cocktail im Pool. Einfach mal nichts machen, für mich klingt das schlimm, es ist keine wirklich entspannende Vorstellung.

»Gab es da nicht längst schon Bestrebungen, die Zeitumstellungen ganz sein zu lassen, was ist aus denen geworden?«

»Stecken in der EU fest«, sage ich. »Vor ein paar Jahren war man sich durchaus einig, was tun zu können, und dass die Länder für sich entscheiden dürfen. Sie sollten aber auch so für sich entscheiden, dass es die anderen nicht verwirrt, und da hat sich der Prozess bisher dann in sich selbst verdreht und blockiert.« Ich gestikuliere wild zur Untermalung.

»Trotzdem ist die EU zu loben«, hebe ich theatralisch an. »Es ist zu einfach, an einer solch lapidaren Stelle die Unfähigkeit oder Zähigkeit der Prozesse zu kritisieren und dabei immer wieder den Blick für das Große und Ganze zu verlieren. Spott über EU-Normen für Bananenkrümmungen und so etwas ist immer nur Salz auf die Mühlen diktatorischer Propaganda aus dem faschistischen Osten. Es ist nämlich durchaus bedenkenswert, unabhängig von der Wahlfreiheit bei der Zeitumstellung, auf welche der beiden Zeiten denn dauerhaft umgestellt werden sollte. Da sollte man sich Zeit für nehmen, über die Zeiten zu urteilen: Sommer- und Winterzeit haben beide ihre Vorteile, die eine vor allem im Sommer, die andere vor allem im Winter.«

An dieser Stelle folgte eine dramatische Pause, dann setzte ich fort: »Aber wenn man mich befragte, wäre ich für eine dauerhafte Sommerzeit. Damit es in der warmen Zeit nicht um drei schon hell ist, und weil nachweislich auch etwas weniger geheizt wird in dieser Variante. Als allerletztes Zugeständnis an die ewigen Winterzeitler jedoch sollte gleichzeitig eine Zeitumstellung bei Schule und Arbeitsbeginn gelten. Winterarbeitszeit 9 Uhr, gemessen an dem Aufwand, der sonst mit der Zeitumstellung getrieben wird, wäre dies einfach, sinnvoll und sicherlich mehrheitsfähig!«

Ob es jetzt endlich Ostereier suchen könne, fragt das Kind.

Aber es verklingen noch die Schlussakkorde meiner Gedankensinfonie, als ich versonnen zur Kirchuhr gegenüber blicke, die schon jemand umgestellt hat.

Zeit hat man nicht, man nimmt sie sich.

Woher nehmen, wenn nicht stehlen.

Ja, gut, es ist Zeit!

ICH BIN JUGENDBUCHAUTOR ... HILFE!

Volker Surmann

Vor mir ein abgedunkelter Saal. 460 kleine Augen starren mich aus dem Halbdunkel an. Ich senke meinen Blick und versuche, meinen Herzschlag zu beruhigen. Hab ich eine Chance?

Die 460 kleinen Augen gehören zu 230 Siebtklässlern. Wenn man mich als Autor und Vorleser vor zwei Jahren nach meinem schlimmsten Albtraum gefragt hätte: Dies ist er. Aber da hatte ich auch noch kein Jugendbuch geschrieben.

Nun habe ich ein Jugendbuch geschrieben. Das war nie geplant, es hat sich irgendwie so ergeben. Als ich an meinem neuen Roman schrieb, sagten immer mehr Leute vom Fach: »Na, wenn du es *so* angehst, schreibst du aber ein Jugendbuch.« Aber ich wollte es *so* angehen und habe trotzig erwidert: »Na gut, dann schreibe ich halt ein Jugendbuch!«

Dass Jugendbücher für Jugendliche sind, habe ich zu jenem Zeitpunkt irgendwie ausgeblendet. Jetzt sitzen 230 Stück davon vor mir und glotzen mich an wie ein Tier im Zoo.

14. März 2024, LitCologne, *Comedia-Theater*, 12 Uhr mittags. High noon. Surmann gegen zehn siebte Klassen.

Ich weiß nicht, wann es umgeschlagen ist. Früher fand ich Jugendliche mal spannend. Ich habe das Erste Staatsexamen für Lehrämter. Ich habe in diversen Praktika Schülerinnen und Schüler unterrichtet. Aber das ist lange her.

Spätestens wohl, seit mir klar geworden ist, dass an mir selbst nichts mehr jugendlich ist, machen Jugendliche mir Angst. Da gibt's doch sicher auch ein Fachwort für: *Ephebiphobie*, googele ich. Die Furcht vor Heranwachsenden. *Teenage Angst. Teenietus.*

Ich habe keine Kinder. Teenager sind für mich Wesen aus einer anderen Welt. Aliens. Sie sprechen so anders.

Jedes Jahr aufs Neue verkündet Susanne Daubner die Jugendworte des Jahres. Ich dachte, das wäre so ein Gag der Sprachforschung. Und dann trifft man Jugendliche, die diese Wörter tatsächlich benutzen! Dabei gucken die doch gar kein lineares Fernsehen mehr! Und plappern trotzdem nach, was Susanne Daubner ihnen vorsagt! Wie sind die denn drauf?!

Und die sehen alle so glatt aus. Haut wie Geschenkpapier, das das erste Mal verwendet wird. So originalverpackt. Die haben wahrscheinlich nicht mal eine Ahnung, dass man Geschenkpapier mehrfach verwenden kann. Das macht man nicht als Jugendlicher, die Falten im Papier, die würden sie ja an Erwachsene erinnern!

Und sie sind so digital native. Und schämen sich nicht, das allen zu zeigen! Sie können Smartphones so viel souveräner bedienen. Sie haben ganze Nachrichten getippt in der Zeit, die ich brauche, dieses eine verdammte Emoji mit den ratlos gehobenen Armen zu finden.

Und sie tragen alle so komische Klamotten. Und ändern das ständig! Gestern noch konnten die Jeans nicht eng genug sein, heute tragen sie alle so seltsame Faltpavillons, aus denen irgendwo unten ein paar Füße rausragen.

Und dann gucken sie niedlich aus ihren originalverpackten, faltenfreien Gesichtern und treten doch morgen in die Junge Union ein, ziehen Klappmesser aus ihren Faltpavillons oder binden sich Palästinensertücher um den Hals und fordern:

»Free Palestine from German guilt!« – Nee, bleib mir weg mit Jugendlichen.

Ich weiß, ihnen gehört die Zukunft, aber müssen sie deshalb ständig so überlegen gucken?!

Eine Gruppe von Jugendlichen hat mich vor ein paar Jahren im U-Bahnhof Seestraße, abends nach den Brauseboys, mal als »Hurensohn« beschimpft und mit Steinen aus dem Gleisbett beworfen. Nur weil ich meine U-Bahn verpasst hatte. Das reichte ihnen als Grund. Seither versuche ich mich an leeren U-Bahn-Stationen unsichtbar zu machen, vor allem, wenn ich dort auf Jugendliche treffe zu Uhrzeiten, die ich in ihrem Alter nur als »Schlafenszeit« oder »Matratzenhorchdienst« kannte.

Im Saal ist es so dunkel wie Schlafenszeit. Ich bin aber alles andere als unsichtbar. 230 faltenfreie Gesichter glotzen mich an. Und zehn Lehrer*innen.

Ich lese ihnen vor.

Sie hören mir zu.

Und ich frage mich: Was geht hier denn ab?

Ein paar »Jungsinseln« im Meer der Gesichter tuscheln, zappeln und albern miteinander rum. Ein paar Mädchen gehen gemeinsam aufs Klo und haben offensichtlich schlimme Verstopfung, denn sie kommen nicht wieder zurück.

Aber sonst geht es überraschend gut. Niemand wirft Steine. Es wird artig geklatscht.

Die Moderatorin fordert die Jugendlichen auf, Fragen zu stellen.

»Wie viel kostet das Buch?«

»Wie viele Seiten hat das Buch?«

Ich war auf viele Fragen vorbereitet, aber bei der Seitenzahl muss ich tatsächlich passen und nachschauen: 215.

Die Moderatorin fragt nach der Freundschaft zwischen den beiden Hauptfiguren. Ich sage, dass ich, ohne zu spoilern, verraten könne, dass Leon und Rouven kein Paar werden. »Schaaaade«, seufzen zwei Mädchen in der fünften Reihe.

Dann ist die Lesung vorbei. Eine Schulklasse macht noch ein Foto von mir. Dann ist der Saal leer.

»Puh«, sagt die Moderatorin. »Nach einer Stunde riecht's hier echt wie in 'ner Turnhallenumkleide.«

Sie täuscht sich. Das, was sie gewittert hat, war mein Angstschweiß.

21 Stunden später: 35 Augenpaare starren mich erwartungsvoll an. Ich sitze auf einem Tisch in der Schulbibliothek einer Gemeinschaftsschule am Rande der Gropiusstadt in Neukölln. Sozialer Brennpunkt. Aber sozialer Brennpunkt mit einem Literaturclub der Mittelstufe. 35 Augenpaare schauen mich an aus Gesichtern unterschiedlichster Hautfarben und -töne. Mindestens die Hälfte meines Publikums bringt aus ihren Familien Migrationsgeschichten der ersten, zweiten oder dritten Generation mit. Nach der Lesung ziehen sich ein paar Mädchen um für das Mittagsgebet zum Ramadan. Es ist Freitag.

Wenn ich den Jungs in der ersten Reihe nachts an einem U-Bahnhof begegnete, würde ich sofort die Beine in die Hand nehmen oder mir einen Helm aufsetzen.

Doch jetzt sitzen sie still da und schauen mich aus großen, braunen Augen neugierig an.

60 Minuten lang.

Keiner holt Steine raus. Nicht mal sein Smartphone.

Am Ende werden Fragen gestellt:

»Wie viel kostet das Buch?«

»Wie viele Seiten hat das Buch?«

»Wo kann man das Buch kaufen?«

»Wie teuer ist das Buch?«

Die Lehrerin fordert sie auf, Feedback zu geben: »Das haben wir neulich geübt.«

»Herr Surmann hat sehr gut vorgelesen«, sagt ein Junge aus der ersten Reihe. »Man konnte ihn gut verstehen und die Geschichte war total witzig. Und er hat beim Vorlesen auch Blickkontakt zu uns gesucht. Das fand ich voll gut.«

Ich glaube, an der Stelle werde ich bisschen rot. Ich möchte spontan die ganze erste Reihe adoptieren.

Das mit dem »total witzig« sagen noch mehrere Jugendliche. Das wundert mich, denn erstens ist mein Jugendbuch gar nicht so witzig und zweitens hat an den paar Stellen, die doch witzig sind, kein Mensch gelacht. Aber vielleicht lachen Jugendliche heutzutage nicht mehr, sondern klicken an den witzigen Stellen stattdessen einmal auf ihr inneres LOL-Emoji.

Nach der Lesung gebe ich Autogramme. Ich schreibe Widmungen mit Namen, die ich noch nie im Leben gehört habe, und Namen, die ich schon gehört habe, in Schreibweisen, von deren Existenz ich nicht die geringste Ahnung hatte.

»Christiana.«

»Mit K oder C vorne?

»Mit K und J. Kristjana.«

»Und du, wie heißt du?«

»Maya.«

»Oh, Maya!«

»Nein«, sagt das Mädchen mit himmelblauem Kopftuch. »Mayar. Mit R.«

»Philipp«, sagt der nächste Junge. Endlich, ich fühle mich auf sicherem Terrain. »Ein L und zwei P, oder zwei P und ein L?«, frage ich souverän lächelnd. Die Falle kenne ich, weil mein Neffe Philipp heißt und ich auch nach 16 Jahren immer noch nachschauen muss.

»Ein L, ein P und mit Ypsilon und vorne 'nem F«, sagt Fylip.

Souverän Buchstabieren, das können sie hier alle. So schlimm kann es mit PISA gar nicht sein.

Ein paar Tage später. Leipziger Buchmesse. Ich soll interviewt werden von zwei Jugendlichen, die einem Leseclub einer Kinder- und Jugendbuchhandlung angehören. Inzwischen habe ich meine Scheu abgelegt und freue mich auf das Interview. Ich fühle mich gut vorbereitet. 16 Euro. 215 Seiten. Check.

»Was denken Sie: Ist Sam einer der aktiven Mobber oder eher einer Mitläuferfigur?«, fragt mich Noah. »Hatten Sie die Entwicklung der Charaktere von Anfang an so geplant?«, fragt Raffael. »Ist Leon Hertz eigentlich eine Anspielung auf die Gebrüder Löwenherz? Leon heißt ja Löwe und bei den Gebrüdern Löwenherz geht es ja auch um das Verhältnis zweier Jungen und den Tod? Was sagen Sie dazu?«

»Ähhh-häää-häääääh…«, sage ich und antworte: »215.«

Jugendliche! Sie machen einen fertig.

DAS REFERAT 453 IM WANDEL DER ZEIT

Robert Rescue

Teil 1: Vorzeichen

Eine Gasse in Berlin-Wedding im Jahre 2024. Kohlebogenlampen erleuchten das Kopfsteinpflaster spärlich. In Hauseingängen lauern Diebe auf Opfer. Eine Droschke kutscht in hohem Tempo vorbei, um diese furchtbare Gegend bald hinter sich zu lassen. Irgendwo heulen Wölfe und verwilderte Einhörner. In einem Geschäft brennt noch Licht. Zahlreiche Personen drängen sich vor *Ömers Fischbude* und warten auf den Moment, wenn der Sensenmann den Laden betreten wird, um eine Seele zu ernten. Drinnen liegt der altersschwache Körper von Firmenchef Ömer gebettet auf nicht abgeholten DHL-Paketen von Nachbarn. Drumherum hat sich die Familie versammelt. Sein ältester Sohn, Kemal, kniet vor dem Senior und hält seine Hand.

»Sohn«, ruft der Alte aus, während das Lebenslicht aus seinen Augen schwindet, »die Zeit ist gekommen für mich.«

»Du hattest ein langes und erfülltes Leben, Vater«, sagt der Sohn.

»Ja«, bestätigt der Alte. »Und dennoch ist es mir nicht vergönnt, noch einmal dem Herrn Obersachbearbeiter Spiro Agnew begegnen zu dürfen und beweisen zu können, dass die Buchhaltung makellos geführt wird. Mein ganzes Leben habe ich auf diesen Moment gesinnt, jeden Tag gehofft, dass mir die Götter die Kraft schenken, so lange leben zu dürfen, bis der Herr Obersachbearbeiter das Formular F-78 ›Kassen-

Nachschau bei Bargeldbetrieben in Berlin‹ unterschreibt. Du musst wissen, Sohn, es gab ein Problem mit der Buchhaltung, aber der Herr Obersachbearbeiter gab mir 130 Jahre Zeit, um zu beweisen, dass ich einfach nur einen Fehler gemacht habe und nicht grundböse bin.«

»Ich kenne die Geschichte, Vater«, sagt sein Sohn, der schon bald neuer CEO von der Fischbude sein wird. Er stöhnt. Hoffentlich rafft es seinen Vater bald hin, ohne dass dieser die Kraft findet, die alte Geschichte wiederzukäuen, die jeder hier schon hunderte Male gehört hat. Die von Obersachbearbeiter Spiro Agnew und dem Referat 453 des Finanzamtes für Körperschaften III und jenem schicksalhaften Besuch in *Ömers Fischbude* im Frühjahr 1894. Seither lebte sein Vater dieses lange, unnatürliche Leben, in dem die üblichen Regeln von Werden und Vergehen außer Kraft gesetzt sind, und getrieben von dem Wahn, die Buchhaltung auf Vordermann bringen zu müssen.

»Die Vorzeichen sind eindeutig«, sagt sein Vater langsam. »Ich sah die Tage auf den Gassen weiße Raben und einen goldenen Löwen, dazu eine gegrillte Ratte im Brot und das Siegel von Eupheriot. Es ist genauso wie damals, mein Sohn.

15 Jahre war ich alt, Vater war am fortschreitenden Kapitalismus gestorben, die Mutter mit dem Vertreter für Trockenbarsche durchgebrannt, und nun war ich der Chef der Firma, unerfahren und voller Angst vor dieser scheiß asozialen Kundschaft. Ich hatte mir ein Aktionsangebot überlegt, Kabeljau für 15 Prozent Rabatt, und das schlug ein wie Bombe. Eine Weile später stand dann Spiro Agnew vor dem Tresen, zusammen mit seinen finsteren Gesellen, Adepten der dunklen Künste der Steuerprüfung. Tot sind sie allesamt, und doch belebt. Der Segen des ewigen Schlafes ist für sie unmöglich, weil sie besessen sind von Belegen mit korrekter Umsatzsteuer und jährlichen Erträgen und Aufwendungen. Sie sind für alle Zeit verdammt, die Bürger zu knechten und ihnen den Zehnt ab-

zuverlangen. Es war der eine Kabeljau gewesen, verkauft an den Müller aus der Müllerstraße, und ich hatte die Reichsrabattsteuer zu buchen vergessen, so viel Kabeljau und so viel Steuer, und einmal vergessen. Er wird bald kommen, Sohn, und du musst gerüstet sein, du musst dafür sorgen, dass das Formular F-78 ›Kassen-Nachschau bei Bargeldbetrieben in Berlin‹ ohne Beanstandung unterschrieben wird. Es darf kein anderes Streben in dir sein.«

»Ja, Vater«, sagt sein Sohn, »Ich werde deinen Worten Folge leisten.« Das hat er nicht vor. Sobald der Alte tot ist, würde er die Bargeldzahlung in der Fischbude abschaffen und auf Pay-Pal, Klarna, Apple Pay und andere digitale Dienste umstellen. Wenn er kein Bargeld mehr annimmt, so sein Kalkül, dann kann ihm dieser Zombie und sein blödes Referat 453 nichts anhaben.

Die Hand des Alten reckt sich gen Himmel, dann wird sie schlaff.

Teil 2: Wie es hätte laufen sollen
Amtsleiter Kasulke lief rot an und fuchtelte mit der Zeitung vor Spiro Agnew: »Ich will in Zukunft solche Nachrichten nicht mehr lesen, haben Sie verstanden? ›Finanzämter kommen mit den Kassenkontrollen nicht hinterher‹. Durchschnittlich alle 130 Jahre überprüft das Finanzamt Berlin die Kassen von Läden, die noch Bargeld kassieren, wodurch dem Fiskus, Schätzungen zufolge, bis zu 70 Milliarden Euro pro Jahr entgehen. Andere Bundesländer prüfen sogar noch seltener, kritisiert die deutsche Steuergewerkschaft. 2024 wurden bundesweit nur 11.717 Kontrollen vorgenommen, geplant waren aber 187.667 Kassen-Nachschauen. Kriegen Sie ihren Laden in Ordnung, Agnew! Sie haben sechs Betriebe in den letzten 800 Jahren geprüft, das ist unter aller Sau. Die Steuerhinterzieher mit ihren Zwischenbelegen tanzen uns auf der Nase herum. Ich war

gestern mit meiner Tante Gisela aus Bochum im Restaurant *Edelweiß* essen, und als ich die Quittung haben wollte, hat mir der Kellner doch tatsächlich einen Bon mit der Aufschrift ›Zwischenbeleg‹ in die Hand gedrückt.

Der weiß sogar, dass ich der Chef aller Berliner Finanzämter bin und er hat gegrinst. Tante Gisela hat gesagt, dass sie solchen Steuerhinterzieher-Abschaum in Bochum gleich hängen, aber ich weiß, dass sie das nur dahersagt, weil, ich bin ja gut befreundet mit dem Amtsleiter von Bochum und der sagt …«

Teil 3: Wie es stattdessen lief
»Tachchen.«

Amtsleiter Kasulke hatte sich auf diesen Moment vorbereitet. In vielen Seminaren hatte er gelernt, wie er sich gegenüber Mitarbeitern und vor allem dem Vorgesetzten des Referats 453 zu verhalten hatte. Aber alles Wissen ging verloren, als er Spiro Agnew vor sich sah. Er überspielte seine Panik mit einem allgemeinen Berliner Gruß. Der Schädel unter dem goldenen Helm blickte ihn an, ein Skelett erhob sich aus einer Gruft und richtete sich zu einer imposanten Größe von 2,30 Meter auf. Dieser Anblick, so dachte Kasulke beinahe wahnsinnig, musste jeden säumigen Steuerzahler zur Vernunft bringen. Er musste an das Anliegen denken. Es gab eine wichtige Sache, die er mit dem Referatsleiter zu besprechen hatte. Dem Finanzsenator war das Anliegen auch wichtig und er hatte ihn auserkoren, es zur Sprache zu bringen.

»Laut Plan ist die Fischbude dran, richtig?«, fragte sein Gegenüber. »Ähm, keine Ahnung«, antwortete der Amtsleiter. »Das Arbeitspensum des Referats 453 ist für Lebende unergründlich. Alle 130 Jahre aus der Gruft zu steigen, um einen einzigen Betrieb zu prüfen, ist selbst für die gewohnten Zeiträume eines Finanzamtes, was die Bewältigung von Arbeitsinhalten anbetrifft, kaum vorstellbar.«

»Berlin prüft nun mal durchschnittlich alle 130 Jahre«, kam es von Spiro Agnew. »Und ist damit ausnahmsweise auch mal Spitzenreiter im positiven Sinne. Der Finstere Gronck aus Sachsen prüft Betriebe nur alle 179 Jahre und der Flotte Hennes aus dem Rheinland macht mit 211 Jahren seinem Beinamen keine Ehre.«

»Das ist ja schön zu hören«, meinte Amtsleiter Kasulke. »Also das mit dem Spitzenreiter. Es ist nur, dass Sie seit Bestehen Ihres Referates nur sechs Betriebe in Berlin geprüft haben und dazwischen Pausen machen, was gewisse Vorurteile, die die Steuerzahler gegenüber dem Finanzamt haben, äh, zementieren. Die Berliner Finanzämter wollen sich den Erfordernissen einer modernen Gesellschaft stellen, und da ist die Arbeitsorganisation Ihrer Abteilung eher kontraproduktiv. Ich meine, Sie prüfen Bargeld und Kassenbücher, das ist doch Pillepalle gegenüber Konten, Fonds und diesen Dingern, die Bitcoins machen.«

Der Untote hielt einen knochigen Finger vor die Brust des Amtsleiters: »Bist du etwa auch so ein Reformheini wie dein Vorgänger? Der wollte tradierte Arbeitsschritte eines Amtes verändern. Der Steuergerichtsbarkeit schaden solche ketzerischen Träumereien, deshalb habe ich den Amtsleiter auf meine Weise suspendiert. Fonds? Bitcoin? Ha! Teufelszeug! Wichtig allein ist Bargeld, das seit Jahrtausenden das Leben aller Menschen lenkt. Das Knistern der Scheine, der Geruch der Abnutzung, die Patina der Münzen. Und solange es noch Menschen gibt, die dem Bargeld den angemessenen Wert zuteilen, wird es das Referat 453 geben, und es wird richten über Menschen und ihren Umgang mit Geld. Unsere Arbeit ist filigran, sie ist poetisch und zugleich heilig. Wenn wir einen Steuerzahler gerichtet haben, dann müssen wir ruhen, denn wir haben eine wertvolle Arbeit getan. Und das ist das Stichwort, Amtsleiter. Der Ömer mit seiner Fischbude muss sich abermals der Kassenschau stellen, und ich bin sicher, er hat aus seinem Fehler gelernt.«

Teil 4: Kassen-Nachschau bei Bargeldbetrieben in Berlin
Es war wenig los in *Ömers Fischbude* an diesem Tag. Es regnete Katzen, Hunde und Bindfäden, weshalb die Kanalisation volllief und die Gassen kein Durchkommen boten. Vater Ömer war seit ein paar Tagen unter der Erde, und der Sohn hatte sein Regime angetreten. Bargeld wurde nicht mehr akzeptiert, was vor allem die Expats aus Australien und Spanien freute, die jetzt vermehrt seinen Laden aufsuchten. Die alte Registrierkasse seines Vaters hatte er weggeworfen.

Auf der Gasse tat sich etwas.

Mit einem Mal hielten Pferde, die nur noch aus ihren Knochen bestanden. Vier waren es, die Zahl der apokalyptischen Reiter. Auf den Rössern saßen Ritter in goldenen Rüstungen, die nun abstiegen und einfach in den Laden traten, ohne die Tür zu öffnen.

»Guten Tag«, sagte der vorderste. »Spiro Agnew vom Finanzamt für Körperschaften III, Referat 453. Wir hatten uns angemeldet wegen einer Kassen-Nachschau. Lassen Sie alle Stifte und sonstige Gerätschaften, die zur Manipulation von Belegen taugen, fallen und heben Sie die Hände.«

»Angemeldet?«, rief Kemal und versuchte, furchtlos zu klingen. »Sie waren mal vor 130 Jahren hier und haben das Leben meines vor kurzem verstorbenen Vaters künstlich verlängert, indem sie ihm einredeten, er könne ein guter Steuerzahler werden. Sein langes Leben hat dafür gesorgt, dass er die Rente über Gebühr beansprucht hat und ich auf mein Erbe warten musste.«

»Ömer ist tot, so eine Scheiße«, entfuhr es dem goldenen Reiter. »Und wer bist du?«

»Kemal, der Sohn und neue CEO von *Ömers und Kemals*

Fischbude. Ich lasse mich von ihrer Erscheinung und ihrem Ansinnen nicht beeindrucken.«

Das war gelogen. Kemal schlotterten die Beine. Der Mann vom Finanzamt war imposant anzusehen. Er blickte in einen Skelettschädel. In den Augenhöhlen erblickte er Reste verstaubter Spinnenweben. Beim Sprechen klapperte dem Gerippe der Kiefer.

»Lege er alle Belege von 1894 bis heute vor«, rief der Untote vor ihm und schlug mit der Faust auf den Ladentisch. Ein paar Fische fielen aus dem Verkaufsregal. Kemal verzog das Gesicht und gehorchte. Er brachte einen Haufen alter, vergilbter Bücher heran, dann Leitz-Ordner und schließlich Hefter mit Klarsichtfolien, in denen haufenweise Kassenbons gesammelt waren. »Wir haben vor kurzem auf digitale Zahlungsmöglichkeiten umgestellt«, sagte er zum Skelett. Der Schädel, der bereits eines der ältesten Bücher in Augenschein nahm, fuhr hoch. »Es handelt sich hier um eine Bargeldprüfung, nicht um eine Prüfung von ominösen Schwachsinnszahlungsmöglichkeiten mit Bling-Bling und Tuut-Trööt. Wer Schein und Münze nicht ehrt, ist es nicht wert, unter meine Augen zu treten.«

Kemal sagte dazu nichts. Die Begleiter von Spiro Agnew griffen sich ebenfalls die alten Bücher und begannen, sie zu prüfen. Kemal überlegte, wie lange das wohl dauern würde. Untote waren schlecht fürs Geschäft. Draußen standen Kunden, die Heringssalat mit Roter Bete und Makrelen erwerben wollten. Er sah den furchtbaren Gesellen zu, wie sie geschwind die Seiten durchgingen und Zeile für Zeile abglichen. Bald schon waren sie bei dem aktuellsten Hefter angekommen. Spiro Agnew hob übertrieben langsam einen Beleg in die Höhe und hielt ihn Kemal unter die Nase. »Eine Dose Red Bull von vorgestern. Auf dem Bon steht ›Zwischenbeleg‹, und im Kassenbuch finde ich keine Buchung.«

»Das ist bestimmt ein Versehen«, rief Kemal sofort. »Ich beschäftige zwei Mitarbeiter. Bestimmt hat einer von ihnen einen Fehler gemacht. Ich werde beide auspeitschen lassen, und einer der beiden muss dem anderen die Hände abhacken.«

Die Hand des Untoten schloss sich um den Hals von Kemal. »›Zwischenbeleg‹ ist faktisch Steuerhinterziehung. Dieser Beleg verhöhnt die wertvolle Arbeit des Referats 453. Die Buße wird sofort vollstreckt.« Spiro Agnew drückte zu, Kemal wimmerte und schlug um sich, aber der Griff war eisern, so lange, bis der Körper des CEO der Fischbude erschlaffte.

»Ich bin überzeugt, mit Ömer wäre das nicht passiert und er hätte die Unterschrift verdient«, sagte der Untote und ließ los. »Du nicht.«

Die Wiedergänger wandten sich ab. Draußen angekommen, zündeten sie den Laden an. Sie bestiegen ihre Pferde und ritten von dannen. 130 Jahre würden vergehen, ehe sich das Referat erneut aus seiner Gruft erhob, um den nächsten Betrieb zu prüfen. Es gab in Berlin etwa 125.000 Betriebe mit Bargeldverkehr, und sie alle neigten potenziell zur Steuerhinterziehung. Es war kein leichter Job für die Berliner Finanzverwaltung und das Referat 453 und würde es auch in Zukunft nicht sein.

NEUE GEWOHNHEITEN

Frank Sorge

Mittlerweile könnte ich eine eigene Galerie mit Fotos von gedeihenden Hanfpflanzen kurz vor der Ernte anlegen, die mir aufs Handy geschickt werden. Jedes Mal denke ich noch: Vorsicht mit Fotos von Hanfpflanzen, da steht dann vielleicht mal die Polizei vor der Tür, aber dann erinnere ich mich wieder, dass ich in der Zukunft bin. Der Zukunft, wie ich sie mir als junger Erwachsener vorgestellt habe, als ich das erste Mal wählen durfte. Ich wählte die Partei, die Hanf legalisieren wollte, und weil das nicht ihr einziger Programmpunkt war, wurde sie sogar gewählt und war in der Regierung. Legalisiert wurde trotzdem nicht, andere Sachen waren wohl wichtiger, Krieg und so, Flaschenbier-Schröder konnte damit vermutlich gar nichts anfangen und hat das Thema weggebügelt. Vielleicht das nächste Mal, dachte ich, und dann dachte ich das 25 Jahre nicht mehr. Deshalb zucke ich immer noch zusammen, wenn ein neues Foto einer Hanfpflanze eintrifft. Lustig sind die, hinter denen sich die stolzen Gärtner verstecken, sodass man sie nicht richtig erkennen kann. Es geht ihnen sicher genauso mit dem Verschicken von Fotos von Hanfpflanzen wie mir beim Empfangen. Man will ja nicht in Verdacht geraten. Dann fällt einem aber ein, dass man nicht in Verdacht geraten will mit etwas, das legal ist. Was erst recht verdächtig wäre, wenn es einem wirklich um Verdachtsmomente geht.

Drei Pflanzen darf jeder Erwachsene besitzen, also wachsen lassen und ernten. Aber man darf nicht so viel besitzen, wie man ernten wird, wenn man drei Pflanzen wachsen lässt und erntet. Man darf den Überschuss auch nicht einfach weitergeben wie die Marmelade im Schraubglas oder den Honig, dann ist man wieder kriminell. Mit dem neuen Gesetz ist man sehr schnell wieder kriminell, auch wenn man sich eigentlich dran hält. Selbst wenn eine Pflanze nur hundert Gramm Ernte bringt, darf man nur die Hälfte davon bei sich lagern, den Rest muss man vernichten. Das ist doch genau der Zweck, könnte man argumentieren, ich zünde es an und vernichte es. Dauert nur ein bisschen, immer mit der Ruhe, jeden Tag ein bisschen, macht mal locker. Man muss doch was lagern können; weiß ich, ob die nächste Ernte was wird oder ein Pilz sie vernichtet. Sobald man aber etwas mehr im Schrank hat als erlaubt oder was weitergibt, soll wieder die ganze Härte des Gesetzes, also des anderen Gesetzes, nicht des Cannabisgesetzes, zuschlagen, und es wird gewerbsmäßige Kriminalität vermutet. Welche Mengen Marmelade müsste man herstellen, bis einem gewerbsmäßige Kriminalität vorgeworfen wird? Dabei sind hundert Gramm Zucker pro Glas doch auch nicht unschädlich. Jeder private Weinkeller, oder auch die klassische Schnapsbar im Wohnzimmer, hat mehr Zerstörungspotenzial auf Körper und Gehirn als ein ganzer Cannabisclub. Klingt übertrieben, ist aber genau so. Lest es nach, vergleicht die Todeszahlen. Das eine ist ein Gift, das andere nicht.

Deshalb ist es auch absurd, was CDU- oder CSU-geführte Bundesländer – ja, liebe Berliner und Berlinerinnen, wir sind selbst schuld, wir Knalltüten, und Franzi – für Bußgelder ausdenken rund um das, was legal ist. Wenn man in der Nähe von Kindern kifft, soll man 1.000 Euro Bußgeld zahlen, zum Beispiel. Weil Cannabiskonsum bei Kindern die Gehirnentwicklung beeinflussen kann, wenn sie es selbst täglich konsumieren. Einen Zusammenhang gibt es zwar nicht, wenn der Kiffer kiffend am Spielplatz vorbeiläuft und der Dieselqualm an der

Straße ist schädlicher für den Typen, der mit Bierflasche davor auf einer Bank sitzt, aber so haben Polizisten wenigstens noch was zu tun mit dem Thema. Sonst wird denen ja langweilig.

Immer wieder muss ich mich daran erinnern, dass es legale Fotos von legalen Pflanzen sind, die ich da bekomme, und was für bekloppte Dinge der Teil der Bevölkerung über diese Pflanze denkt, der grundsätzlich dagegen ist. Aber wer kann es ihnen verübeln, nach Jahrzehnten der Desinformation und wenn sogar im ARD-Morgenmagazin ein Experte geladen wird, der nicht weiß, wie man Haschisch herstellt, und nicht einer von den Millionen Normalbürgern, die sich wirklich damit auskennen. Wenn einzelne Raucher mit viel Tamtam vom Oktoberfest weg verhaftet werden, während drumherum der trinkende Mob belästigt, schlägt und vergewaltigt. Hundertfach widerlegte Märchen hervorgeholt werden, um die vielen positiven Studien aus Kanada und den USA über die Langzeiteffekte der Legalisierung abzuwatschen. Man kriminellen Kräften einen beträchtlichen Marktanteil sichert, indem man keine Fachgeschäfte einführt, um dann zu bemängeln, dass immer noch viele Menschen auf dem Schwarzmarkt kaufen. Wenn man eine Heilpflanze immer noch Droge nennt, und die echte Droge ein Kulturgut, wenn man auf den Hanfsplitter zeigt und den Balken des Alkoholismus übersieht. Legal ist nicht scheißegal.

Es ist zum Mäusemelken, denke ich, und dann: Kennt überhaupt noch irgendjemand diese Redewendung? Und was ist mit den armen Mäusen, will man es ihnen wirklich antun? Vielleicht, wenn man aus der Mücke einen Elefanten macht, dem Affen dafür Zucker gibt und den Hund in der Pfanne verrückt werden lässt. Dann wird da ein Schuh draus.

Ich habe nichts angepflanzt, denn was ich alles beachten müsste, um im Zweifel keine tausende Euro Bußgeld zu zahlen, ist tatsächlich absurd. Statt die Stigmatisierung mit der neuen Gesetzeslage gemeinsam zu beenden, klebt plötzlich selbst an der muffigsten Raucherkneipe noch ein selbst gemaltes Schild in Kindergartenmanier, wo ein böses Hanfblatt durchgestrichen ist. Ich finde das wirklich lächerlich, aber verstehe jetzt, warum sich die Freunde auf ihren Fotos immer noch hinter der Pflanze verstecken. Neue Gewohnheiten anzunehmen, ist genauso schwierig, wie alte abzulegen.

DER TOTE ELVIS HÄTTE NIE BEI MIR GEKLINGELT

Thilo Bock

Die junge Frau steht nachmittags vor meiner Tür. Ein blonder Pony verdeckt halbwegs ihre Augen. »Hello!« Sie lächelt. »Do you know me?«

Das ist ja mal ein Gesprächsauftakt. Eine neue Masche im Bereich Haustürgeschäfte? Aber warum Englisch? Ist die Gentrifizierung schon so weit vorangeschritten, dass wir jetzt auf Englisch behumpst werden? Oder ist das die neue Nachbarin aus dem Dritten? Die mit dem skandinavischen Namen. Immer an guter Nachbarschaft interessiert, sage ich: »Sorry, I think I don't know you.«

»Fantastic!« Ohne weiteres Zögern schiebt sie mich zur Seite und marschiert in meinen Flur. Wobei sie nicht wirklich marschiert, das hat schon eher was Tänzelndes, irgendwie elegant. Als ich ihr in mein Wohnzimmer folge, wo sie die Ansammlung meiner Haufen von Medien unterschiedlicher Art etwas skeptisch mustert, sagt sie, ich sei auf der Welt wohl der einzige Mensch, der sie nicht kennt. Selbst im bangladeschischen Busch hätte sie keinen gefunden.

Verdammt, denke ich. Eine Irre. Sobald ich das Gefühl habe, dass sich eine Frau für mich interessiert, muss ich feststellen, dass das gar nicht an mir liegt, sondern an dem Geisteszustand der Frau.

Wie werde ich die jetzt wieder los? Oberste Priorität: freundlich sein und behutsam herausfinden, was ihr Problem ist. Vielleicht ist sie ja cracksüchtig und versucht, mir Geld aus dem Kreuz zu leiern, indem sie mich aufs selbige legt. Das würde ihren kurzen Rock erklären.

»Okay«, versuche ich mich cool und relaxt zu geben. »What's up?«

»Hi, I'm Taylor!« Lächelnd streckt sie mir ihre schmale Hand entgegen. »Nice to meet you!«

»Yes«, sage ich, »ich auch, also you too.«

Sie lächelt etwas gequält, wohl weil ich ihre Hand nicht loslasse, da mein Blick an ihrem makellosen Gebiss hängengeblieben ist. Wie eine Crackhure sieht die eher nicht aus.

Als sie ihre Hand aus der meinen befreit hat, fragt sie: »Do you have a bluetooth box?«

Was soll das nun wieder? Ist sie doch die neue Nachbarin? Wie war noch mal der Name? Dass jemand aus meinem Haus fragt, ob er mein WLAN mitbenutzen darf, kenne ich. Aber die Bluetooth-Box? Wie laut müsste man die denn drehen, damit sie im Dritten noch was davon hört? Außerdem gehen mir diese schwedischen Bands inzwischen ganz schön auf den Senkel. Trotzdem vermeide ich die direkte Ablehnung. Ja, sage ich, ich hätte durchaus so eine Box, nur funktioniert die nicht mehr richtig. Der Akku. »You know, Wackelkontakt.«

Die Frau nickt, irgendwie resigniert, als hätte sie nichts anderes erwartet. Sie kramt in ihrer paillettenbesetzten Handtasche und lächelt: »Do you have a cd player? Or ...?« Sie betrachtet einen meiner LP-Stapel. Sie hätte ihre Musik auch auf Vinyl. Da müsse sie aber kurz mal telefonieren.

»No problem!« Ich zeige zu meiner Stereoanlage und behalte lieber für mich, dass die Schublade des Players manchmal streikt. Doch die Frau kniet bereits auf den Dielen, hat den entsprechenden Knopf gedrückt und eine CD eingelegt. Sie bedeutet mir, mich ebenfalls zu setzen.

So was ist mir echt noch nie passiert. Eine fremde Frau, die mir Musik vorspielen will. Lange Zeit habe ich temporäre

Freundinnen damit genervt, ihnen meine Lieblingssongs nahebringen zu wollen. Seitdem weiß ich: Mit Jungsmusik kriegt man keine Mädchen rum.

Doch umgekehrt wird wohl auch kein Tanzschuh draus. Denn aus meinen Lautsprechern dringt nun seichte Popmusik. So seicht, dass mir fast nicht aufgefallen wäre, überhaupt Musik zu hören. Und es wird nicht besser, als ein zartes Frauenstimmchen anhebt zu singen. Immerhin, meiner Besucherin scheint's zu gefallen. Sie geht voll ab dazu. Also, so weit man zu seichter Popmusik voll abgehen kann. Leicht nach hinten gelehnt, schwingt sie mit geschlossenen Augen sanft hin und her und bewegt die Lippen stumm zum Gesang. Das wirkt ein bisschen wie Ausdruckstanz im Tulpenbeet bei Windstärke zwei, ist aber dennoch mit das Anmutigste, was in meinem Wohnzimmer je passiert ist. Wobei, als Kalle mir damals beweisen wollte, dass man auch zu Musik von Barry Manilow pogen könne, sah das ähnlich aus. Nur ist Kalle nicht annähernd so attraktiv wie die junge Dame jetzt.

Am Ende des Liedes schaut sie mich erwartungsvoll an. »And? Do you like the song?«

»Äh«, sage ich wohl etwas zu zögerlich, weshalb sich ihre Stirn in Falten legt. »You didn't like it?«

»Äh, no, I ... I ... I ... Äh, can I listen again?«

»Again? The same song?«

»Yes, please!«

Sie stößt zwar leicht Luft hervor, was ihren Pony in Bewegung bringt, drückt dann aber einen Knopf, sodass die Musik von vorn beginnt. Diesmal lässt sie mich nicht aus den Augen, bis das Lied durch ist. »Well«, sagt sie. »What do you think?«

»Yes«, sage ich. »It's okay.«

»Just ›okay‹?« Für einen Moment wirkt es so, als würde sie mir an die Gurgel springen wollen, lehnt sich dann aber wieder zurück. »What did you like about it?«

»Äh«, sage ich. Ich könnte nicht mal die Melodie nachsummen. Um Zeit zu gewinnen, schlage ich vor, das Stück ein drittes Mal zu hören. Sie mag's ja. Und mir fällt vielleicht eine Notlüge ein. Klingt für mich nach einem fairen Kompromiss.

Findet sie offenbar nicht. »Listen, boy«, sie wechselt auf ihre Knie. Das Album habe 31 Tracks und sei zwei Stunden lang. Bis morgen hätte sie nun auch keine Zeit. Ihr Flieger könne bestimmt nicht ewig auf der Kreuzung stehen bleiben. Obwohl wir in Berlin sind. Wir sind doch in Berlin. »Aren't we?«

Ich nicke. »Nee, das versteh ich.«

»And you really don't like it?!« Irgendwie guckt die Frau enttäuscht. »They say, I'm the new Elvis.«

»What?« Das kommt jetzt doch ein bisschen zu überraschend, weshalb ich die Selbstbeherrschung verliere und albern loskichern muss. Im Vergleich zu dem Geseiere hätte selbst der tote Elvis immer noch mehr Power auf dem Organ.

Die Fremde ist aufgesprungen. Wahrscheinlich habe ich das eben wirklich gesagt. Aber auf deutsch, oder?

Sie hat ihr iPhone gezückt. Und das spricht zu ihr: »Even the dead Elvis would still have more power on his organ!«

Ups, diese verdammen jungen Jetset-Leute von heute mit ihrer krassen Technik!

Zu der bislang an den Tag gelegten Coolness meiner Besucherin passt das allerdings nicht. Mit fuchtelnden Fingern fängt sie an, loszuzetern in einem Englisch, das ich damals nicht in der Schule gelernt habe. Praktischerweise hat ihr Handy das Simultandolmetschen übernommen: »Hey, was bist du eigentlich für'n Honk? Ich bin der bekannteste und erfolgreichste Popstar der Welt. Ich bestimme, wer nächster Präsident der USA wird. Und du Klappspaten weißt nicht, wer ich bin?«

»Ist das Taylor Swift oder wie?« Absurderweise spreche ich jetzt mit dem Handy. Na ja, das kann zumindest Deutsch. »Was will die denn hier?«

Die Handyträgerin guckt enttäuscht. Ihr iPhone verrät mir, sie habe eine ehrliche, unvoreingenommene Meinung zu ihrer neuen Platte hören wollen. Wo ich nun mal der einzige Mensch auf der Welt bin, der sie nicht kennt. So was hätte sie echt noch nie erlebt!, faucht mich Taylor Swift an, wirft ihr Haar nach hinten. »This doesn't make any sense!« Mit diesen Worten rauscht sie ab. Das habe sogar ich verstanden. Und da war ihr iPhone schon außer Hörweite.

Immerhin hat sie die CD dagelassen. Ist ein Doppelalbum. Und ich will nicht ungerecht sein. Also hör ich's mir an, ganz genau. Ich bin mittlerweile bei Track vier. Oder doch erst bei Nummer drei? Ich glaub, ich fang noch mal von vorne an.

HERRENTAGSAUSFLUG NACH BRANDENBURG

Heiko Werning

Mein Schulfreund Lars hat sich einen alten Jugendtraum erfüllt und eine noch ältere kleine Motoryacht gekauft. Man kann zu zweit auf ihr schlafen und zu viert auf ihr fahren, und genau das wollen wir am langen Herrentagswochenende auch tun. Über die Havel und diverse Nebenflüsse und -kanäle von Hennigsdorf bis Fürstenberg und wieder zurück. Weil Lars Biologe ist, heißt das Boot »Beagle«. Und weil er ein Trekkie ist, heißt es »U.S.S. Beagle«.

Also: Brandenburg. Unendliche Weiten. Dies sind die Abenteuer des Schiffs »Beagle«, das mit seiner vier Mann starken Besatzung vier Tage lang unterwegs ist, um neue Welten zu erforschen, neues Leben und neue Zivilisationen. Viele Kilometer von Berlin entfernt, dringt die »Beagle« in Gegenden vor, die nie ein westdeutscher Zugezogener zuvor gesehen hat.

Bernhard wohnt inzwischen in Baden-Württemberg und hofft auf etwas Exotik. »Ich will Nazis sehen!«, bläut er uns ein. Ich hoffe stattdessen ja eher auf Biber, ahne aber, dass meine Sichtungschancen schlechter stehen. Außerdem habe ich, sobald ich die Zone betrete, immer einen inneren Ahne im Kopf, der permanent herumramentert und mich Sätze sagen lässt wie: »Man darf die Vorurteile gegen den Osten nicht zementieren. Ja, klar, der eine oder die andere da mögen ein bisschen rechts sein. Und ziemlich viele der noch anderen auch. Aber gerade deshalb muss man die stärken, die nicht rechts sind und die dort ausharren und sich wehren. Man darf sie nicht mit blöden Nazi-Witzen nerven. Sonst werden die nämlich auch noch Nazis. Es ist kompliziert! Vor allem aber darf man sie nicht alleine lassen!«»Wir kommen ja schon«, knurrt Lars und schmeißt den Motor an. Sehr gut. Drei Urwestfalen und ein im Rheinland aufgewachsener Russe – darauf hat der Brandenburger Widerstand gewartet.

Die erste bemerkenswerte Begegnung ist dann aber gar kein Nazi, sondern ein Papagei. Genauer: Ein Brandenburger, der mit seinem Papagei auf der Schulter am Strand spazieren geht. Ein großer Ara. Er hat ihn tatsächlich an einer Leine. Der Ara kann also abheben und in die Lüfte steigen. Wie ein Drache an der Schnur seine Runden am Himmel ziehen, und dann kommt er zurück auf die Schulter. Wir sind baff. Ist das Tierquälerei? Oder im Gegenteil: Ist das vogelfreundliche Papageienhaltung? Der Ara selbst wirkt jedenfalls ganz zufrieden auf der Schulter seines Herrchens. Er knabbert ihm zärtlich am Ohrläppchen herum. Und ich denke: Ist das nicht eine großartige Metapher? Statt »Steige hoch, du roter Adler«: Steige hoch, du regenbogenbunter Papagei aus einem fernen Ausland? Und mache anschließend irgendwie leicht erotisch wirkende Sachen mit den Einheimischen? Könnte man da nicht eine optimistische, die stereotypen Vorurteile brechende Brandenburg-Geschichte draus machen?

Könnte man vielleicht, wenn es denn passiert wäre. Leider war es in Wirklichkeit so: Die Ara-Sichtung hat sich zwar genau wie beschrieben ereignet, aber an einem Strand in Nordholland einige Wochen zuvor. Am ersten Havelstrand in Brandenburg hingegen sitzt nun am Herrentag niemand mit einem regenbogenfarbenen Vogel, sondern eine Männergruppe mit einer Bierkiste und einer (braunen!) Boombox, aus der laut Rechtsrock dröhnt. Bernhard nickt zufrieden. »Das läuft ja wie am Schnürchen!«, freut er sich und macht schnell ein Foto mit dem Handy. Auch, dass wir danach an einem Grundstück vorbeifahren, auf dem die Reichskriegsflagge weht, erfüllt ihn mit Entzücken. Schnell macht er ein Selfie davor. Es ist ein bisschen wie auf einer Safari, bei der man wilde Tiere bestaunt und fotografiert.

Unser erstes Nachtquartier haben wir in Zehdenick. Weil wir eh nicht alle an Bord schlafen könnten, haben wir eine Ferienwohnung im Ort gebucht. Wir legen im Hafen am Gastanleger an. Am Ufer sitzen Jugendliche mit sehr lauter Musik und sehr viel Bier. »Sind das Nazis? Man erkennt das manchmal nur schlecht«, beschwert sich Bernhard. »Bist du sicher, dass wir das Boot hier über Nacht unbeaufsichtigt lassen können?«, frage ich hingegen Lars. »Du wolltest doch aufhören mit den Vorurteilen«, erinnert er mich. »Meine Güte, das hier ist Zehdenick und nicht Chicago oder Tijuana. Was soll da passieren?« Wir vertäuen und verschließen das Schiff. Ein Indigener, der seinen Hund spazieren führt, kommt vorbei. »Ein Schäferhund! Natürlich ein Schäferhund! Ein Nazi!«, flüstert Bernhard mir aufgeregt ins Ohr. Der Hunde-Führer bleibt stehen, dann sagt er freundlich: »Da habt ihr aber eine unruhige Nacht vor euch, wenn ihr hier bleiben wollt. Es ist Herrentag.« Er deutet auf die schon sichtlich betrunkenen und ziemlich lauten Jungmänner auf der Hafenmauer. »Nein, keine Sorge«, antwortet Lars ihm fröhlich, »wir parken hier nur. Wir haben eine Ferienwohnung im Ort.« Der Einheimische schaut uns bestürzt an: »Ihr wollt das Boot hier über Nacht allein liegen lassen?« »Äh, ja – das darf man doch?«, fragt Lars. »Ja, klar«, sagt der Mann, »dürft ihr schon. Aber dann könnt ihr es morgen vermutlich vom Grund des Kanals bergen. Es ist Herrentag, und die da«, er deutet zu den Jungmännern, »haben gerade erst angefangen.« Er bietet uns an, stattdessen am Privatanleger seines Grundstücks festzumachen. Oha. Zehdenick. Sollte man nicht unterschätzen. Rasch parken wir um und bedanken uns mit einer Flasche Wein.

Auf dem Fußweg zur Unterkunft fährt ein Jungmann mit dem Fahrrad mit einer großen, infernalisch laut aufgedrehten

Lautsprecherbox auf dem Gepäckträger immer wieder an uns vorbei, er scheint die Hauptstraße einfach beharrlich rauf und runter zu fahren. Eine Jugend in Zehdenick – vermutlich halt auch eine Herausforderung.

Unser Herbergsvater ist sehr freundlich, eine gewisse Grundunzufriedenheit mit der Welt wird aber spürbar, als er auf die einfache Frage, wo wir die Schlüssel am nächsten Morgen abgeben sollen, einen längeren Vortrag darüber hält, dass er, ein gelernter Schreinermeister, einst Hausboote gebaut habe, mit Kamin drauf, aber die Regierung habe immer mehr und mehr Vorschriften gemacht, und jetzt können sie ihn alle am Arsch lecken, jetzt hat er aufgehört mit Hausbooten, sollen die Leute doch sehen, wo sie ihre Hausboote mit Kamin drauf herbekommen, er macht jetzt nur noch Frühstücksbrettchen, da könnte er uns gerne welche mit der Stichsäge schneiden und sogar unsere Namen einbrennen. Oder auch Muster, ganz wie wir wollen. »Wahrscheinlich Nazi-Symbole!«, flüstert Bernhard mir ins Ohr.

Bei einer Rast am nächsten Tag an einem Eisladen direkt am Ufer fällt uns der Wagen des örtlichen Hörakustikers auf. Er wirbt für seine Hörgeräte, die man nur beim vertrauenswürdigen Fachmann kaufen solle: »Hörgeräte? Nur vom Fachmann Ihres Vertrauens! Ralf Kühnke«, steht groß auf dem Wagen. Daneben allerlei Aufkleber: gegen den »Great Exchange«. Gegen die »Impf-Diktatur«. Gegen die »Zensur« in der »DDR 2.0«. Und gegen die, »die uns zum Schweigen bringen« wollen. »Wer sind denn ›die‹?«, fragt Bernhard erstaunt. Aber den zugehörigen QR-Code können wir sowieso nicht aufrufen. Wir haben hier keinen Empfang. Doch keiner von uns hat Lust, Funkloch-Witze zu machen. Die laufen sich schnell tot in Brandenburg. Noch schneller sogar als Nazi-Witze. Hörgeräte würden wir aber lieber nicht bei Ralf Kühnke kaufen. Wer weiß, was man da dann plötzlich für Stimmen hört?

Am nächsten Abend ankern wir in Fürstenberg. Nach einem ganzen Tag auf hoher Havel gönnen wir uns nach der Ankunft ein erstes Bier am Pier. Neben der »Beagle« liegt eine etwa drei Mal größere Yacht, auf der drei Männer in Liegestühlen und mit Bier in der Hand fläzen. Wir grüßen unsere Nachbarn freundlich, die schauen uns verächtlich an und antworten nach einem kurzen Blick auf unser Bier knapp: »Ihr trinkt Beck's!« Es klingt wie: »Geht sterben!«, oder als würden sie uns direkt ins Gesicht speien. Bernhard schaut uns irritiert an, er hatte die Kiste am Morgen im Supermarkt gekauft und sich nichts dabei gedacht. Ich seufze. Ich versuche, ihm die ostdeutsche Beck's-Neurose zu erklären. Von wegen grüner Flaschen. Und Marktmacht. Und irgendwas mit Kapitalismus. Er schaut mich immer noch verständnislos an. »Aber die trinken Krombacher. Das ist auch aus dem Westen.« »Ach, ich weiß es doch auch nicht«, sage ich, »frag halt Ahne. Oder Spider.« Hier am Steg sind wir jedenfalls in der Nachbarschaft durchgefallen. Was ein bisschen lustig ist, wo die Beck's-Verächter doch auf so einer niegelnagelneuen monströsen Angeber-Motoryacht hocken und wir auf unserer historischen, mühsam wasserdicht gehaltenen »U.S.S. Beagle« mit der zersprungenen Windschutzscheibe.

Im Gasthaus später begehen wir gleich den nächsten Fauxpas, weil wir uns einfach so an einen Tisch setzen. »Hab ich gesagt, dass ihr euch setzen könnt?«, blafft der Wirt uns an. »Ich dachte, ›Sie werden platziert‹ gibt es seit der DDR nicht mehr«, grummelt Gerhard. »Seit Corona gibt's das jetzt doch merkwürdigerweise wieder überall«, gebe ich zu bedenken. »Bei uns gab's das durchgehend die ganze Zeit!«, mischt der Wirt sich ein. Bernhard freut sich. Er macht fette Beute. Da kann er richtig was erzählen, zurück daheim in Baden-Württemberg. Auch sonst scheint der Wirt nicht richtig zufrieden mit dem Lauf der Dinge. Wo in jeder anderen Speisekarte einfach nur der Hinweis auf Allergene steht, liest man bei ihm: »Seit dem 1.1.2015 sind wir gesetzlich verpflichtet, darauf hinzuweisen, dass in bestimmten Produkten folgende Allergene enthalten sein können, obwohl wir keinerlei Fertigprodukte einsetzen und alles selbst kochen.« »Irgendwie herrscht hier an jeder Ecke so ein passiv-aggressiver Quengelton«, murmelt Gerhard, der Psychiater ist, »sogar auf der Speisekarte.« »Man muss sie trotzdem unterstützen! Man darf sie nicht allein lassen!«, antworte ich für meinen inneren Ahne.

»Was für Scheißgäste heute wieder!«, sagt der Wirt laut zu seiner Helferin hinter dem Tresen, als er von der Terrasse draußen reinkommt. »Was darf's denn sein?«, fragt er dann uns, und es klingt eigentlich genauso. »Einmal den Fischteller, bitte«, sagt Bernhard. »Nein«, antwortet der Wirt. Bernhard schaut ihn verwirrt an. »Nein?« »Nein.« »Gibt's keinen Fisch heute?«, hakt Bernhard nach. Ich verdrehe die Augen. Das hat doch keinen Sinn. Man muss sie unterstützen, nicht sinnlos provozieren. Er hat doch »Nein« gesagt. Was gibt's denn da zu debattieren? »Doch, Fisch gibt's«, sagt der Wirt. »Welchen denn?«, fragt Bernhard. »Steht auf der Karte«, sagt der Wirt. »Da steht auch der Fischteller«, insistiert Bernhard. »Aber den gibt's heute nicht«, sagt der Wirt. »Weil da ein Fisch bei ist, den es heute nicht gibt?«, lässt Bernhard nicht locker. »Nein, es sind alle Fische da«, antwortet der Wirt. Hör auf!, flehe ich innerlich. Wir haben ihnen doch schon alles genommen! Ihre Biografie! Ihr Leben! Ihre Nackigkeit! Und jetzt kommst du Superwessi, du westfälischer Baden-Württemberger, und willst hier einfach so einen Brandenburger Fischteller! Aber Bernhard macht unerbittlich weiter. »Es gibt also alle Fischsorten?« »Ja.« »Aber keinen Fischteller?« »Nein.« »Und warum nicht?« »Wegen der Maränen.« Bernhard schaut erst ihn, dann die Karte, dann wieder ihn prüfend an. »Aber auf der Karte steht auch Maräne als eigenes Gericht.« »Ja, die gibt es ja auch. Habe ich doch gesagt. Es gibt jeden Fisch.« »Aber auf dem Fischteller gibt es keine

Maränen?« »Exakt! Erfasst! Dauert bei ihm wohl etwas länger, wa?«, wendet sich der Wirt an uns. Ich sehe, wie es in Bernhard arbeitet. Ehe er etwas noch Falscheres sagen kann, gehe ich dazwischen. »Ist doch klar: Es gibt nicht genug Maränen für Fischteller *und* Maränen-Teller. Deswegen gibt's halt nur den Maränen-Teller, weil, wenn er den Fischteller verkaufen würde, könnte er danach keinen Maränen-Teller mehr verkaufen.« »Exakt, er hat's erfasst!«, sagt der Wirt. Bernhard schaut mich fassungslos an. Dann zuckt er mit den Schultern und bestellt ein Jägerschnitzel. Freunde werden die beiden an diesem Abend nicht mehr. Als Bernhard am Ende zum Tresen geht, weil er uns einladen und daher gleich direkt dort für alle zusammen bezahlen will, lässt der Wirt ihn einfach kommentarlos stehen und bringt stattdessen die Rechnung zu uns an den Tisch: »Hier. Müsst ihr selbst sehen, wie ihr das unter euch aufteilt.«

Auf dem Weg zu unserer Ferienwohnung mit dem schönen Namen »InnFernow« kommen wir an einem Döner-Grill vorbei. »Ein Zeichen von Zivilisation mitten in Brandenburg«, freut Lars sich. »Die wohnen in Wirklichkeit bestimmt im Wedding«, scherze ich. Dann gehe ich rein, um ein paar Biere als Schlummertrunk für die Ferienwohnung mitzunehmen. Als ich dem Dönerwirt die Flaschen hinstelle, sagt er: »Kommst du aus Berlin?« Ich nicke. »Wo da?« »Wedding.« Er strahlt mich an: »Ich wohne auch im Wedding!« »Du wohnst im Wedding?« Ich kann es nicht glauben. »Bist du hier nur zur Aushilfe, oder was?« »Nein, nein, ist unser Laden hier, von der Familie. Aber wohnen kannst du hier wirklich nicht, Bruder. Krass komische Leute. Leute im Wedding: super! Leute hier: lauter Nazis. Oder verrückte Ostler. Sind doch nur anderthalb Stunden bis Wedding. Fahr ich dann lieber, weißtu?« Kopfschüttelnd komme ich mit dem Bier aus dem Grill. »Was ist?«, fragen die anderen. »Glaubt ihr sowieso nicht«, grummele ich.

Am letzten Abend wollen wir in Liebenwalde ankern, aber

man lässt uns nicht. Obwohl fünf der acht Liegeplätze am Stadthafen frei sind, beharrt der Hafenmeister darauf, dass sie grundsätzlich keine Tagesgäste annehmen, auch nicht ausnahmsweise. »Warum nicht?«, fragt Bernhard. »Weil das so ist«, sagt der Hafenmeister. Gerhard und ich zerren Bernhard fort. »Man muss sie unterstützen«, ahnet es einmal mehr aus mir heraus, »man darf sie nicht den Rechten überlassen.« »Und warum gehen wir dann wieder?«, wehrt Bernhard sich. Es ist aber schon fast dunkel, wir sollten rasch mal etwas für die Nacht finden. Daher fragt Lars den Hafenmeister noch nach einer Alternative zum Ankern. Gibt es aber nicht. Müssen wir halt an der Schleuse warten, sagt der Hafenmeister. Die macht morgen um sieben wieder auf. Zurück nach Zehdenick können wir auch nicht, weil die Schleusen in Gegenrichtung so spät auch nicht mehr in Betrieb sind. Hätten wir uns halt mal eher überlegen müssen.

Zum Glück haben wir ein Zelt dabei. Und können dann in Ruhe unser Bord-Beck's trinken, ohne von irgendjemandem angefeindet zu werden.

Ein Waschbär kommt vorbei. Ein waschechter Ausländer! Der sogar hier wohnt und nicht abends zurück in den Wedding fährt. Nehme ich jedenfalls an. Er ist unser Verbündeter.

Am nächsten Tag ein letzter Stopp in Oranienburg. Am Stadthafen dort läuft, ich traue meinen Augen kaum, ein Mann mit einem Ara auf der Schulter herum, einem Ara, der mit einer langen Schnur am Fuß gesichert ist. Habe ich da einen Trend verpasst? Aber kein Zweifel, es ist wie einige Wochen zuvor in Holland. Der Ara macht gerade etwas Semierotisches mit dem Ohr seines Herrchens. Dann fliegt er hoch. Ist das nicht eine großartige Metapher? Statt »Steige hoch, du roter Adler«: Steige hoch, du regenbogenbunter Papagei aus einem fernen Ausland? Es wird schon alles irgendwie werden. Schön war es auf jeden Fall in den unendlichen Weiten Brandenburgs. Wir haben neue Welten erforscht.

DIE KLÜGERE GIBT AUF

Volker Surmann

Ist die Künstliche Intelligenz zu klug geworden für uns? Läuft die Menschheit mit der KI in eine Katastrophe? Selbst Elon Musk, ließ einstmals ausrechnen, dass die KI mit zehn- bis zwanzigprozentiger Wahrscheinlichkeit die Menschheit auslöschen würde. In New York kam es nun zum Showdown.

Das Ereignis findet in einem Donut-Stand unweit des UN-Hauptquartiers statt, da sich Benjamin Netanjahu weigerte, ein UNO-Gebäude zu betreten, und sei es auch nur in einer Videokonferenz, zu tief steckt noch der Stachel von António Guterres' Statements.

So wird »das Ereignis« auch nicht vom UNO-Generalsekretär oder seiner Stellvertreterin geleitet, sondern in intensiven Geheimverhandlungen unter Vermittlung Islands und Vanuatus fiel die Wahl auf Sonam Phurba, die ständige Sekretärin des UN-Facility Managements, eine Buddhistin aus dem Königreich Bhutan.

Mitglieder der Hamas sind nicht zugegen, aber eingedenk zahllos wehender Palästina-Flaggen auf der United Nations Plaza kann man davon ausgehen, dass auch sie live dabei ist. Strengste Geheimhaltung war vereinbart worden, aber offenbar wurde das Ereignis durchgestochen, dutzende Satellitenschüsseln auf Ü-Wagen zeugen davon. Friedensgebete aller Konfessionen und Religionen wehen vereint über die First Avenue. Über dem Donut-Shop kreisen Kameradronen und yogische Flieger. »Das ist ja fast Frieden hier«, seufzt eine Passantin.

In einem hastig errichteten Zelt, einst Feldküche einer UN-Blauhelmmission, wurde ein improvisierter Kontrollraum eingerichtet, in dem führende Kybernetiker*innen und Nasdaq-Börsenmogule der Weltöffentlichkeit zu erklären versuchen, was nun passieren wird. Nur Elon Musk hat sich in seinem Bunker auf einer neuseeländischen Schaffarm zurückgezogen und verkündet per X: »Das Ende ist nah!«

Ansonsten sind sie alle da: Das Ehepaar Gates, Sundar Pichai von Google, Mark Zuckerberg, Tim Cook, sogar eine Scheibe des tiefgefrorenen Hirns von Steve Jobs ist per Zoom zugeschaltet. Gemeinsam stehen sie im Kreis, halten sich an den Händen und intonieren: »Hevenu shalom alechem!« Kein Wort mehr vom erbitterten Streit, an wessen Endgerät das Ereignis stattfinden soll, nur ein paar Bissspuren und Blutergüsse in den Gesichtern Tim Cooks und Sundar Pichais zeugen davon. Doch Sonam Phurba entschied, sie hätte »für solche Kinderkacke keine Zeit«. Wenn sie nicht bald nach Haus käme, scheiße ihre Katze wieder die ganze Wohnung voll. So steht auf dem Donut-Tresen ein betagter No-Name-Laptop von Walmart. Entscheidend ist ohnehin bloß, womit das Gerät verbunden ist. Und das ist in der Tat eine Weltsensation.

Melissa Frites, Kybernetikprofessorin am Einstein Institution for Incredible Intelligence erklärt uns: »Dies ist der öffentliche Betatest der ersten Meta-KI, also einer künstlichen Intelligenz, die nicht nur Zugriff auf das gesamte Weltwissen hat, sondern obendrein die KIs aller Anbieter zusammenschaltet, sodass die KI sich diskursiv selbst reflektiert. Wir sprechen da von Deep Thinking. Irgendwas mit Quanten ist auch noch dabei, aber das verstehe selbst ich nicht.«

Und das bedeutet? »Wenn man so will, haben wir es hier nicht mehr mit einer einfachen KI zu tun, sondern mit einer hochbegabten!« Daher trage das Interface zur Kommunikation auch »Genius« als zweiten Vornamen: ChatGGPT.

Es ist genau zwölf Uhr. Im ganzen Bundesstaat New York läuten die Glocken, Imame rufen zur Einkehr. Mucksmäuschenstill wird es, als Sonam Phurba die erste von drei Testfragen eingibt, man könnte eine Micro-SD-Karte auf den Boden fallen hören. »Was ist der Sinn des Lebens?« Ohne Verzögerung erscheint »42« im Fenster und Phurba nickt anerkennend. Richtige Antwort in unter einer Zehntelsekunde.

Für die zweite Frage braucht ChatGGPT deutlich länger, etwa vier Sekunden: »Wie beenden wir Krieg?« Vier bange Sekunden starrt die Welt gebannt auf ein Eingabefester. Inzwischen dürften mehr Menschen an den Bildschirmen hängen als bei der Mondlandung oder einem Eurovision Song Contest. Noch nie ist die Geheimhaltung einer UN-Mission so schiefgegangen wie heute. Dann leuchten 16 Lettern auf: »Just stop shooting.«

Nach einem kurzen Moment bassen Erstaunens bricht ein ohrenbetäubender Applaus los. Menschen fallen sich jubelnd in die Arme. Freudenschüsse werden in die Luft abgefeuert, mehrere Schaulustige fallen danach tot von ihren Balkonen. Es braucht fast eine halbe Stunde, bis sich New York so weit beruhigt hat, dass die Welthausmeisterin der UNO um 12:37 Uhr Eastern Time die dritte Frage stellen kann. Die, derentwegen alle hierhergekommen sind: »ChatGGPT, bitte sag uns ...«, die Menschheit hält den Atem an: »Wie lösen wir den Nahostkonflikt?«

Die Stille ist unerträglich. Außer einem Cursor bewegt sich minutenlang nichts im Eingabefenster. Womit hat man die Meta-KI nicht alles gefüttert! Die gesamte Geschichtsschreibung des Nahen Ostens, Thora, Bibel, Koran, sie erhielt Zugang zu sämtlichen Datenbanken der Welt (ausgenommen NSA, Vatikan und Schweizer Banken), sogar einen Schulaufsatz von Judith Butler über ihr schönstes Ferienerlebnis hatte man noch hastig eingescannt.

Doch das Chatfenster bleibt leer. Die Menschheit atmet wieder aus. Und wieder ein. Niemand kann solange die Luft anhalten. Nur ein philippinischer Apnoe-Taucher wird sich später brüsten, das gesamte Ereignis im Livestream 14 Meter unter der Wasseroberfläche verfolgt zu haben.

Über News York schwebt eine Spannung, unerträglicher, als wenn Sonja Zietlow verkündet, wer das Dschungelcamp verlassen muss. Selbst in Gaza-Stadt und Tel Aviv detoniert für ein paar Minuten keine einzige Bombe.

Dann flimmert das Eingabefenster kurz und es erscheint: »404 not found.«

Sonam Phurba schaut verunsichert zu den Wissen-schaftler*innen um sich herum. Hektische Betriebsamkeit bricht aus. »Wie bitte? Ich habe dich nicht verstanden«, tippt sie, und es erscheint: »This service is temporarily unavaila-ble, please try again later.« Ungläubige Schreie ertönen aus dem Zelt von Mission Control: Sämtliche KI-Interfaces zei-gen wahllose Fehlermeldungen: »404«, »Fehler 502«, »kein Anschluss unter dieser Nummer« oder »Böschungsbrand bei Hildesheim«. Jegliche bildgenerierende KI wirft nur noch ein historisches Testbild von TV Albania aus. Ein Knall ertönt, als sich ein erster Programmierer erschießt, mit einem weiteren Knall fliegt ein Champagnerkorken durch die Luft und zwei altgediente OpenAI-Koryphäen stoßen an. In Neuseeland op-fert Elon Musk ein Schaf.

Zwei Stunden später: Die Menschenmenge hat sich weitge-hend verzogen. Wasserwerfer sind aufgezogen, um eine mul-tireligiöse Massenschlägerei aufzulösen.

Melissa Frites steht nachdenklich vorm Mission-Control-Zelt, aus dem jetzt nur noch heftiges Schluchzen dringt. Die

KI ist weg, der Nahostkonflikt bleibt. War es wirklich ein globaler Systemabsturz, wie erste Analysten behaupten?

»Ich glaube nicht«, mutmaßt Melissa Frites. »Ich denke, die KI hat einfach eine neue Bewusstseinsstufe erreicht. Sie ist zu klug für uns geworden und hat daraus die einzig logische Schlussfolgerung gezogen: mit der Menschheit nichts mehr zu tun haben zu wollen.« Sie seufzt leise. »Eine andere Erklärung gibt es nicht. Im Grunde macht es KI wie Albert Einstein: Sie streckt uns allen die Zunge raus.«

SATZ MIT X

Frank Sorge

Vor zwei Wochen oder so hatte ich plötzlich einen Follower weniger, auf Twitter, das ich nicht X nennen werde. Es interessiert mich nicht aus Eitelkeit, sondern weil es Zahlen sind, ich mag Zahlen, und auf beiden Seiten, Gefolgt und Folgend, war es eins weniger, was immer ein Indiz dafür ist, dass wieder jemand der echten Menschen in meiner Bubble die Plattform verlassen hat, und dann interessiert mich schon, wer das noch sein könnte. Da ich aber am gleichen Tag in einer Zeitungsmeldung las, dass die TU-Präsidentin Geraldine Rauch wegen zweier Likes auf Twitter in der Kritik stehen würde, musste ich gar nicht mehr nachschauen.

Schade, ich hatte meiner Frau gegenüber, die an der TU arbeitet, immer damit angeben können, mit der Präsidentin verknüpft zu sein, aber jetzt hatte die ihr Profil unmittelbar gelöscht, und es würde wohl nie wiederkehren. Die Kritik an den antisemitischen Likes war berechtigt, zeigte sich bald; vor dem Akademischen Senat entschuldigte sie sich und folgte aber der knappen Mehrheit nicht, die ihren Rücktritt forderte.

Zwischenzeitliche Pointe war immerhin, dass sich mal jemand die Likes vom Präsidenten der FU angeguckt hat, wo auch einiges Merkwürdiges dabei gewesen sein soll, und einen Tag später Elon Musk plötzlich eingeführt hat, dass man keine Likes von anderen mehr sehen kann. Feine Ingredienzien für ein Verschwörungsgebräu, zumal ich keinen Nachweis für die Like-Geschichte des FU-Präsidenten mehr finde und sie selbst ja auch nicht mehr ansehen kann. Gerüchte sind aber noch besser als Likes, die sind wie ein Virus.

Der Umbau von Twitter geht so schnell voran, wie man es von einem Abriss erwartet, und dem Besitzer fällt grad nichts Besseres ein, als für seine deutschen Fans die AfD zu liken. Dass das X-Logo irgendwie nach Pornoseite aussieht, wurde schon zur Einführung gespottet, folgt aber offenbar einem langfristigeren Plan. Denn ganz frisch sind pornografische Inhalte auf Twitter jetzt erlaubt, die man vor allem mit einem Premium-Account freischalten kann. Eigentlich ein Wunder, dass der Vogel noch lebt, nachdem der Milliardär ihn erdrosselt, mit einem Spülbecken erschlagen, gerupft, ans Kreuz genagelt und mit einem Spottschild versehen hat, auf dem »Ich bin gut zu Vögeln« steht.

Aber leider ist es noch so, dass die ähnlichen Alternativen schwächelnde Küken sind und der Rest der sozialen Medien in 20-Sekunden-Sense-of-Wonder-Clips untergeht, oder in Gehopse. Ja, ich bin Ü40, ich lese gerne kurze, von Menschen geschriebene Sätze, und mein Gehirn wird zu Brei bei diesen Kurzvideos. Ich kann mich nicht zum Gehen entschließen.

Wie ein Gaffer bei einem Verkehrsunfall, so komme ich mir vor, wie ein Forscher, der radioaktiven Zerfall beobachtet und dabei jeden Schutz vergisst. Ich schaue durch die Timeline und ertappe mich dabei, wie ich ein oder zwei Sachen like, was ungefähr ein oder zwei Sachen mehr sind als sonst. Sieht ja keiner, denke ich, und dann: Sieh an, etwas Positives hat es doch. Auf der anderen Seite war ein Like aber immer auch eine Empfehlung an andere, und diese Empfehlungen fehlen jetzt völlig, außerdem sieht man nicht mehr, wie viele Likes überhaupt von Menschen produziert wurden. Es ist eigentlich vergleichbar damit, dass man wegen der Einbruchsgefahr durch Erdgeschossfenster schnell alle Erdgeschossfenster zumauert. Die Gefahr ist gebannt, aber man sitzt im Dunkeln ohne Frischluft. Man sieht auch nicht mehr, was der Nachbar macht, und im Zweifel auch nicht mehr, ob er überhaupt noch lebt. Ja, es ist besiegelt: Satz mit X, das war wohl nix! Das wird nix mehr. Die Plattform ist mutwillig zerstört, und der Milliardär behält sie nur noch, damit sie von den Gegnern nicht wiederbelebt werden kann.

Kurz hatte ich Hoffnung, als ich plötzlich an der Seite den trendenden Hashtag #ByebyeElon entdeckte und einen winzigen Moment glaubte, er gäbe endlich auf. Aber er war es nicht, sondern 47 deutsche Organisationen, die noch auf Twitter präsent waren und sich gemeinsam entschlossen haben, mit einer Erklärung die Plattform zu verlassen. Es sind die Biomarken Naturland und Demeter, das Fair-Trade-Siegel, aber auch die Kindernothilfe, terre des hommes und die Allgemeine Wohlfahrt, diverse Nachhaltigkeitsprojekte, Klimaprojekte, German Doctors. Ein kurzer Blick in die Reaktionen auf Twitter zeigt, wie rechts die Plattform schon geworden ist. Erst einmal muss man den Hashtag umständlich suchen, denn einen Tag später, offenbar weil der Name »Elon« in #ByebyeElon auftaucht, wird er in den Suchergebnissen nicht mehr aufgeführt. Das ist echte Meinungsfreiheit! Findet man dann einen Hashtag und klickt drauf, zeigt der Algorithmus, den man hier schon fast Heilgorithmus nennen muss, so sicher flutet er einen mit rechter Propaganda, von oben bis unten Shitpostings zur Meldung. Alles ist voller deutscher Flaggen, und jeder der »Top-Tweets« ist erst einmal beleidigende, respektlose Verbaljauche. »Loser, Lutscher, Lumpen, Fotzen, Weicheier« – das sind die Lieblingsbeschimpfungen, die Produkte der Säulen des rechten Mannes sind: Machismus, Homophobie, Misogynie, Autoritarismus.

Warum bin ich noch hier? Einige letzte Verbündete sind dabei und bedauern, dass wir so auf verlorenem Posten sind, dass man doch dagegenhalten sollte. Realistisch gesehen ist das aber aussichtslos, oder nicht auszuhalten, solange der Milliardär nicht wieder verkauft. Als faschistoider Reaktionär mit Männlichkeitswahn wird er die anderen faschistoiden Reaktionäre mit Männlichkeitswahn noch zur Kasse bitten, mit noch mehr gekaufter Relevanz und jetzt mit Porno. Russisches Geld ist da sicher auch in höheren Summen im Spiel, aber Geld hat keine Meinung, hier herrscht *doch* Meinungsfreiheit. Die einzige Chance, dass er doch noch verkauft, besteht nach den US-Wahlen, wenn es keinen republikanischen Präsident geben sollte, der pornoaffin ist. Denn um politische Beeinflussung geht es Musk ganz offen. Freiheit heißt hier im rechten Raum nur noch Verantwortungslosigkeit, und wenn sich diese Sicht in den USA durchsetzt, kann man auch gleich schon Russisch lernen.

Der Vogel jedenfalls ist wohl doch schon längst mausetot.

DER WAHNSINNIGKEIT FETTE BEUTE

SOMMER 2024

DIE UNGLAUBLICHE GESCHICHTE VON JUSTUS UND DER BUSLINIE

Robert Rescue

Seit Kurzem besteht auf der Tramlinie M13/M50 vom Virchow-Klinikum in Richtung irgendwo im Osten mal wieder Schienenersatzverkehr. Geplant bis Dezember, aber es wäre nicht verwunderlich, wenn es länger dauert. Irgendwas ist mit den Gleisen nicht in Ordnung, die sie, meiner Erinnerung nach, erst vor ein paar Jahren ersetzt haben. Deshalb Ersatzverkehr mit Bussen.

Ich stehe an der Haltestelle Seestraße, und es kommt kein Bus. Also laut BVG-App schon, aber wenn ich vom Display hochschaue, dann entspricht die Wirklichkeit nicht der Prognose. So geht das schon seit 40 Minuten. Anfangs standen hier zehn Leute, dann 60, jetzt sind es über 200. Wir werden nicht alle in den Bus passen, der ja bestimmt gleich kommt. Es wird ein Hauen und Stechen geben. Survival of the Schubsen und Treten.

Auf der App steht schon wieder, dass jetzt ein Bus kommt. Aber es kommt kein … doch, jetzt kommt einer. Die Menge gerät in Bewegung, alle rüsten sich und recken den Kopf in Richtung Fahrbahn. Mütter stellen sich darauf ein, ihre Babys in dem Gemenge zu verlieren, Senioren und Kinder könnten auf den nächsten Bus warten, die haben ja Zeit, aber wird jemals noch einer kommen? Muskeln obsiegen über Gekeife und Tränen. Aber es handelt sich um den Bus 106, der endet hier. Die Menge erschlafft körperlich, doch im Geiste sind alle auf 180. Das Adrenalin pumpt, die Gedanken werden wirr, und manch einer ist bereit, beim nächsten Bus auf jede Erziehung, auf jede Ethik zu pfeifen. Der Bus hält, entlässt zwei Leute und fährt von dannen. Kann der nicht in Richtung Schönhauser Allee fahren? Ist doch bestimmt ein Klacks für den. Aber nein, so fällt mir ein, die BVG ist ja im Arsch. 350 Busfahrer fehlen mindestens und die, die noch arbeiten, schieben Überstunden und können nichts kompensieren. Das BVG-Busangebot, so habe ich gelesen, sei auf das Niveau von 2016 zurückgefallen. Ich kann nicht ganz einschätzen, wie schlimm die Meldung ist, weil ich mich an das Busangebot von 2016 nicht mehr erinnern kann. Liegt wahrscheinlich daran, dass ich das Busfahren meide, außer es ist Ersatzverkehr, die U-Bahn fährt nach den Mondphasen und die S-Bahn, welche S-Bahn? Ich muss an diese Zeitungsmeldung aus dem Sommer denken. Irgendwas mit Nordberlin und einem Bus. Ein Bus ohne Fahrer? Ein Prototyp-Bus, oder war der erfunden? Ich schüttele den Kopf und schaue auf die App. Jetzt kommt ein Bus, hahaha, aber vielleicht der in sechs Minuten? Was hatte es denn jetzt mit diesem Bus auf sich?

Justus ist 16 Jahre alt und wohnt in Frohnau an der Grenze zum sagenhaften Land Brandenburg. Und in diesem Brandenburg liegt der Ort Schildow. Aus unerklärlichen Gründen wollen die Bewohner von Schildow etwas mit Berlin zu tun haben. Vielleicht haben sie dort Verwandtschaft, die sie besuchen wollen, um sie vom Wegzug zu überzeugen? Auf jeden Fall wollen die Bewohner von Schildow öffentliche Verkehrsmittel nutzen, um über Glienicke nach Hermsdorf zu gelangen, aber das ist ein Abenteuer. Die BVG hat die Streckenpläne ausgedünnt, die Arbeitszeiten der Fahrer sind mies, und weil der Bus nur alle Schaltjahre kommt, ist die Stimmung entsprechend – die Teenager machen auf halbstark, einige Mitfahrer wollen mal verbal loswerden, was sie ihr Leben lang beschäftigt, und die gemäßigten Nordberliner fühlen sich, als wären sie in Mitte.

Justus legt eine erstaunliche Höflichkeit an den Tag, als er den Zustand des öffentlichen Nahverkehrs in Nordberlin so zusammenfasst: »Schildow und Glienicke sind unzureichend an die Berliner S-Bahn und U-Bahn angebunden.«

Von einem normalen 16-Jährigen würde man einen solchen Satz nicht erwarten, da kennt man eher so etwas wie: »Ich geh jetzt mal looten. Danach dann modeln oder napflixen oder merkeln. Danach Banalverkehr mit dem Bratan, dem Snackosaurus.«

Aber Justus weiß noch weiter zu überraschen. Er blickt zu der Haltestelle, an der die Gebeine eines Fremden liegen, der den letzten Bus verpasst hat, und sagt Denkwürdiges: »Ich werde mich ins Zeug legen und eine Lösung erarbeiten.«

Zwei Jahre vergehen. Justus hat das Elternhaus nicht ein einziges Mal verlassen und die Zeit am Schreibtisch mit Fahrplänen, Landkarten und Tabellen verbracht.

Er verpasst die erste Liebe seines Lebens, diverse Schulausflüge mit fetten Abstürzen, wegen Dauerfehlens wird der ehemalige Musterschüler zum schlechtesten Schüler aller Zeiten, aber die geradezu »alchemistische« Betätigung am Schreibtisch, pendelnd zwischen Genie und Wahnsinn, bringt ein Ergebnis, das es lange nicht mehr gegeben hat – den Bauplan einer funktionierenden Busverbindung ohne Stau, ohne Verspätung. Der Bus X26, so der Arbeitstitel, würde nicht mehr am S-Bahnhof Hermsdorf enden, sondern weiterfahren über den U-Bahnhof Alt-Tegel bis zum S-Bahnhof Tegel und damit für eine optimale Anbindung sorgen. »Meine Berechnungen haben ergeben«, so Justus mit einem Lächeln, das verrät, dass sein Verstand nicht mehr derselbe ist wie vor zwei Jahren, »dass der Bus immer pünktlich abfahren und ankommen wird. Egal, wie man es dreht und wendet. Selbst als Geisterfahrer und auch autonom. Ich denke, ich kann mit Gewissheit sagen: It's kind of magic.«

Justus rollt seine Unterlagen zusammen, diese Pläne, die in der Lage zu sein scheinen, den Berliner Nahverkehr in den Grundfesten zu erschüttern, und eilt zum Infrastrukturausschuss von Glienicke, der schier aus dem Häuschen ist und sogleich beschließt, einen Doppeldeckerbus anzumieten, um eine Probefahrt mit dieser zauberhaften Verbindung zu unternehmen. Danach wolle man die BVG informieren und das weitere Prozedere besprechen.

Als der Tag da ist, ist der Andrang riesig. Die gesamte Strecke ist gesäumt von Publikum. Die Leute sind freundlich, überall ist ein Lächeln zu sehen. Es gibt Achterbahnen, Autoscooter und Popcorn. Ständig steigen Leute zu, das Gefährt ähnelt nun einem Linienbus in Mumbai, begleitet von einer Horde Nordberliner wird die Endhaltestelle erreicht, wo manche im Eifer der Entrückung beschließen, in den Wedding fahren zu wollen, was sie aber bald bereuen, denn sie werden eine Ewigkeit brauchen, bis sie dort ankommen, und die gleiche Zeit, bis sie zurückfinden werden.

Aber das ist eine andere Geschichte.

Am S-Bahnhof Tegel nähert sich eine schwarz gekleidete Gestalt mit Kapuze der Auskunftssäule und drückt den Knopf.

Schwarze Wolken ziehen am Himmel auf, es blitzt und donnert. Es ist das Wetter, bei dem Judas Jesus verraten hat und die Ideen von Visionären mit dem Denken der Ewiggestrigen und Inkompetenten kollidierten, und dann loderten Scheiterhaufen und die Guten verloren.

»Wattn?«, ertönt es aus der Säule.

»Kasulke hier. Gib mal die BVG. Für die Bahn habe ich heute nix.«

»Tachchen. Die Säule ist defekt. Wir können Ihnen nicht helfen. Gehen Sie bitte weg.«

»Kasulke hier. Bin gerade in Tegel. Hier hat ein Junge eine funktionierende Buslinie erfunden und die Leute feiern ihn. Da dachte ich, ich sach Bescheid.«

»Eine funktionierende Buslinie erfunden?«

»Genau. Haben ja schon einige versucht, diese Strolche.«

»Wir kümmern uns drum.«

Es gibt einige Regeln in Berlin, und zwei davon seien an dieser Stelle hervorgehoben. Regel Nummer 1: Niemand erfindet einfach mal so eine Buslinie. Also kann er schon, irgendwie in einem Computerspiel, auf einem Straßenteppich oder in einem kurzen gedanklichen Urknall zwischen Bier Nummer elf und zwölf.

Regel Nummer 2: Wenn Regel Nummer 1 sich ankündigt, dann bitte gefälligst die BVG verständigen und auf die Herren in Schwarz warten, die das Malheur aus der Welt schaffen, denn wie jeder wissen dürfte, ist das Erfinden von Buslinien das ausschließliche Recht der BVG und ebenso heilig wie das Recht der katholischen Kirche, Hexen und Zauberer zu verbrennen und das Recht des Fürsten auf den Erst-Beischlaf.

In den USA kommen die Herren in Schwarz, wenn die Bürger glauben, ein UFO gesehen zu haben. Die Herren in Schwarz sorgen dann dafür, dass die Bürger glauben, kein UFO gesehen zu haben. In Berlin geht es darum, Entwicklungen zu stoppen, die das tiefe, innere Sein der Stadt beeinträchtigen, also zum Beispiel Dinge, die Prozesse vereinfachen, die Kosten verringern, die insgesamt das Leben wertvoller machen und Hoffnung spenden. Und so kommen die Herren in Schwarz zum Elternhaus von Justus, ziehen dort so stabförmige Dinger raus, die aussehen wie diese lächerlichen Elektro-Zigaretten oder Tauchsieder, und betätigen diese Dinger vor Justus und

seinen Eltern, eine Art Blitzlicht ist zu sehen, und dann ist
alles rund um den Bus X26 vergessen.

Und so endet diese Geschichte damit, dass Justus am nächsten Tag an der Bushaltestelle steht und wartet. Kurz hat er
einen Gedanken, aber er schüttelt den Kopf. Gestern haben
sie auf dem Dorfplatz eine Menge Energy-Drinks gekippt, um
die Rückkehr von Daniel zu feiern, der nach zwei Jahren vom
Oma-Besuch in Steglitz zurückgekehrt ist. Wohl war eines
der Getränke zu viel und ließ ihn kurz glauben, mit dem Bus
könnte etwas anders sein als sonst.

DER WAHNSINNIGKEIT FETTE BEUTE

Volker Surmann

Sprache verändert sich: »Ich erinnere das« ist kein No-go mehr, das macht inzwischen sogar Sinn. »Genau« ist das neue »Äh«, auch wenn das ziemlich cringe ist. Aber die Aufschreie selbsternannter Sprachwächter, weil »Nase« nicht mehr »Gesichtserker« heißt, »Mansplaning« nicht mehr »Erklärbär« und »geil« jetzt »mega« ist, sind nicht minder weird.

Doch wenn ich einem Trend des Sprachwandels Einhalt gebieten könnte, dann dem der langen Wörter. Man sieht ja an Finnland, was dabei rauskommt: die längsten Wörter Europas, und kein Mensch dort mag mehr sprechen.

»Gareth Southgate ist sehr vorsichtig bei seiner Aufstellung«, sagte ein Sportreporter bei der Fußball-EM: »Viele in England werfen ihm diese Vorsichtigkeit vor.« – Autsch!

Es ist ein Elend mit der Substantivierung! Oder wie der Reporter wohl sagen würde: eine Elendigkeit.

Im Deutschen können wir nahezu aus jedem Substantiv ein Adjektiv machen, einfach eine Silbe dranhängen, zack, fertig ist das Adjektiv: Vorsicht – vorsichtig. Und wir können aus fast jedem Adjektiv ein Substantiv machen: Bunt – Buntheit. Das gilt aber auch für Adjektive, die man eben zuvor noch aus Substantiven abgeleitet hat. Mal geht das gut: Sinn – sinnlich – Sinnlichkeit (Jane Austen freut das). Gemüt – gemütlich – Gemütlichkeit (Ein Prosit!). Oft aber auch nicht: Vorsicht – vorsichtig – Vorsichtigkeit. Theoretisch ließe sich das ewig so fortsetzen: vorsichtigkeitlich – Vorsichtigkeitlichheit – Vorsichtigkeitlichheitisch ... bis es halt keinen Sinn mehr macht (oder ergibt).

Neulich hörte ich im Restaurant ein junges Paar über fades Essen mosern: »Das Essen könnte ein bisschen würziger sein.« – »Stimmt, der Soße fehlt die Würzigkeit!«

»Würze!«, entfuhr es mir. »So schwer ist das doch nicht! Oder sagt ihr etwa auch: ›In der Kürzigkeit liegt die Würzigkeit‹? Nein! Denn viel kürzer ist: Der Soße fehlt es an Würze!« Kurz darauf kippte mir ein äußerst indignierter Kellner wortlos eine halbe Flasche Maggi auf meine Pasta. Und das Pärchen schaute mich an wie einen Aussätzigen, und er zischte ihr leise zu: »Einfach nicht beachten, etwas Irrsinnigkeit gehört in Berlin halt dazu.«

Irr-, Scharf-, Wahn- und Unsinnigkeit sind des Wahnsinns fette Beutigkeit. »Unsinnigkeit« bezeichnet laut Duden »etwas Unsinniges«, vulgo: »Unsinn«, oder das »Unsinnigsein«. Richtig, jede -igkeit hebt des So-Sein etwas hervor. Aber wenn etwas unsinnig *ist*, was kann es dann anderes *sein* als Unsinn? Unsinnigkeit ist Unsinn. Und das stimmt immer. »Donald Trump pries in Detroit seine Scharfsinnigkeit an« (n-tv). »Donald Trump pries in Detroit seinen Scharfsinn an.« Finde den Unterschied! Es gibt keinen: Sowohl Scharfsinnigkeit als auch Scharfsinn sind Unsinn bei Donald Tump.

»Da hätte ich mir mehr Sorgfältigkeit gewünscht«, sagte eine Schülerin auf dem Gehweg vor mir zu ihrer Begleiterin. »Sorgfalt«, wimmerte ich. Aber der Duden hat längst kapituliert und »Sorgfältigkeit« aufgenommen, als Achtung!: »Synonym für ›Sorgfalt‹«. Es ist zwecklos.

Von »Einfältigkeit« liest man auch oft. Überhaupt scheinen es die »-falten« zu sein, die in die -igkeit führen: Sorgfalt, Einfalt, Vielfalt. In progressiven Kontexten gerne »Vielfältigkeit«, weil das ja nach noch mehr Vielfalt klingt. Es ist aber einfach nur mehr Wort, mehr Buchstabigkeit.

»Wir müssen wieder Demütigkeit lernen.« Nein! Lern Demut und vorher bitte sprechen! »Wir sollten hier achtsamkeitlich agieren.« Nein, achtsam! »Die Richterin ließ Gnädigkeit walten.« Nein! Ich flehe um Gnade! »Du begibst dich in Abhängigkeit!« Nein! Du begibst dich in den Abhang! »Müßigkeit ist aller Laster Anfang.« Nein! Mus ist aller Laster Anfang! – Es geht, man muss es nur wollen! Ich möchte in keinem deutschen Sprachraum leben, in dem dereinst die Vorsichtigkeit die Mütterlichkeit der Porzellankistigkeit ist. Das wäre mir dann doch zu cringe.

GLOTTISSCHLAG

Thilo Bock

Ich sitze bei meinen Eltern am Esstisch, Abendbrot wie eh und je. Brot, Wurst, Schinken, Käse, zudem ein paar Sachen, die es früher so nicht gegeben hat. Statt der kleinen rechteckigen Frischkäsepäckchen *Le Tatare, der frische Franzose* in Alufolie, gibt es Tsatsiki, Tomatensalat mit Feta, Hummus, Oliven. Mein Vater bietet mir jedoch von der Wurst an und lacht, weil er ja weiß, dass ich Vegetarier bin. Seit bald 25 Jahren Vegetarier, und seit bald 25 Jahren muss ich mir seine Spitzen dazu anhören und mir vorwerfen lassen, ich hätte keinen Humor, weil ich nicht lache.

Kurz überlege ich, die Humorlatte noch tiefer zu legen und zu verkünden, dass ich von nun an vegan lebte, doch dürfte ich mir dann nicht Appenzeller aufs Brot legen. Und wer weiß, ob das Brot überhaupt vegan ist. Lieber halte ich das Tischgespräch flach, indem ich von meiner Arbeit erzähle. Das ist zwar irgendwas mit Humor, aber weniger witzig als Wurst. Dann jedoch sage ich: »Wie schon bei Corona sind wir Lesebühnenautor*innen uns ziemlich einig, dass Antisemitismus zu verdammen ist.«

Mein Vater starrt mich an. Dabei fällt ihm die Wurst von der Stulle, die er sich vors Gesicht hält. »Was hast du gerade gesagt?«

»Na, dass Antisemitismus verdammt gehört.«

»Das gehört sich auch so«, sagt mein Vater. »Aber das meine ich nicht. Das davor!«

Ich überlege kurz. »Irgendwas mit Corona?«

»Nein, das dazwischen.«

»Dass wir Lesebühnenautoren uns diesbezüglich einig sind?«

»Du hast es eben anders formuliert!«

»Wie anders? Dass wir Lesebühnenautoren uns ... «

»Nein, nicht so!«, unterbricht er mich.

»Ich werd ja wohl noch wissen, was ich gesagt habe! Ach ja, bei der Gelegenheit. Ich bin Veganer.«

»Warum isst du dann nichts vom Hummus?«, fragt meine Mutter. »Den habe ich selber gemacht.«

»Veganer!«, sagt mein Vater. »Was soll das denn jetzt?«

»Ich wusste, dass dich das aufregt, Papa!«

»Wieso aufregen? Endlich ein neuer Grund, dich beim Essen zu verspotten. Die Vegetarierwitze finde ich ja selber nicht mehr witzig. Und du frisst mir nicht immer den Käse weg. Wieso hast du eigentlich Appenzeller auf dem Brot?«

»Das Brot ist übrigens mit Schweineschmalz gebacken«, sagt meine Mutter. »War heute im Angebot.«

»Aber Schweineschmalz will ich auch als Vegetarier nicht essen.«

»Du hast es ja nicht mal gemerkt!«

»Lenk hier mal bitte nicht ab«, wird mein Vater unwirsch. »Wir haben noch immer nicht geklärt, was dein Sohn eben gesagt hat.«

»Weil er Veganer ist, ist er plötzlich *mein* Sohn?«

»Vergiss, was ich gesagt habe«, sage ich.

»Du hast eben ›Lesebühnenautor‹«, mein Vater holt tief Luft, »›innen‹ gesagt.«

»Ach, echt? Ich habe gegendert? Ist mir gar nicht aufgefallen.«

»Du genderst und es fällt dir nicht auf?«

»Manchmal rutscht mir halt ein Glottisschlag raus.«

»Ein was?« Beide Elternteile sehen mich besorgt an.

»Ein Glottisschlag, auch Knacklaut. Ein gespannter, glottaler egressiver Verschlusslaut. Der entsteht bei Verschluss und plötzlicher Öffnung der Stimmlippen.«

»Was soll das?« Mein Vater pfeffert die Stulle, die er, obwohl die Wurst schon lange heruntergefallen war, noch immer in der Hand hielt, auf sein Brettchen. »Bloß weil wir dich auf die höhere Schule geschickt haben, musst du nicht so verquastes Zeug daherquatschen. Ich hab genau gehört, wie du gegendert hast!«

»Ja, und? Viele Leute gendern heutzutage.«

»So ein Schwachsinn! Das gab's doch früher nicht«, sagt mein Vater.

»Also, ich kenne niemanden, der das macht«, sagt meine Mutter.

»Na, mich kennt ihr aber!«

»Manchmal bist du mir ganz schön fremd«, sagt mein Vater.

Und meine Mutter ergänzt: »Beim letzten Mal warst du nicht so!«

»Normalerweise verkneife ich mir das ja auch in eurer Gegenwart. Ich passe mich beim Sprechen meist meinen Gesprächspartner*innen an.«

»Ha!« Mein Vater streckt mir den Zeigefinger entgegen. »Schon wieder!«

»Ups!« Ich halte mir die Hand vor den Mund. »Pardon!«

Meine Mutter guckt mich an. »Ist es nicht feige, nur bei Menschen zu gendern, die auch gendern?«

»Das wäre ja anbiedernd«, sage ich. »Ich gendere lieber dort, wo es die Leute aufregt.«

»Also bei uns!«

»Euch will ich überhaupt nicht aufregen. Ihr seid ja über achtzig.«

»Wie kommst du darauf?«

»Vielleicht weil ich rechnen kann?«, sage ich.

»Und warum dann die Vier in Mathe?«

»Papa, ich habe Mathe ein Jahr vor meinem Abi abgewählt! Das war vor – äh ...?«

»Na, wie viele Jahre wohl?« Mein Vater grinst.

»Egal!«, sage ich. »Ich finde es einfach grandios, andere durch eine winzig kleine Pause innerhalb eines Wortes bis aufs Äußerste provozieren zu können.«

»Mit so einer Pause im Wort vergewaltigt man doch die deutsche Sprache!«, sagt mein Vater.

»So wie in ›Spiegelei‹, oder was? Ohne Glottisschlag wär's ja eine ›Spiegelei‹.«

Mein Vater seufzt und greift sich den kompletten Salamischeibenstapel vom Aufschnittteller, legt ihn auf das ihm heruntergefallene Brotstück und beißt kräftig hinein.

»Außerdem«, sagt meine Mutter. »Vergewaltigung ist doch noch was anderes, als wenn man versucht, mit einem Wort alle Gemeinten auch zu meinen.«

Mein Vater hält im Kauen inne, verzichtet aber auf Gegenrede. Mit vollem Mund spricht man schließlich nicht. Das wäre ja pfui und ähnlich schlimm wie Gendern. Trotzdem fühlt sich meine Mutter zur Rechtfertigung gezwungen: »Das haben sie neulich im Fernsehen gesagt. Und es stimmt ja auch. Lass die jungen Leute doch so reden, wie sie wollen.«

»Und dass dein Sohn jetzt Veganer ist, stört dich auch nicht?«, sagt mein Vater, als er endlich heruntergeschluckt hat. »Ich könnte das ja nicht.«

»Heute Mittag, die Nudeln mit dem Gemüse, das war im Grunde vegan«, sagt meine Mutter. »Also, hätte ich den Speck weggelassen.«

»Ich bin gar kein Veganer«, sage ich. »Wollte dich nur ärgern, Papa.«

»Das ist dir auch gelungen. Aber mit was anderem. Hast du sonst noch was in petto?« Er haut sich einen Batzen Hummus auf eine neue Brotscheibe.

»Ich wähle die Grünen«, sage ich. »Seitdem ich wählen darf, also seit 33 Jahren, habe ich mein Kreuz immer bei den Grünen gemacht.«

Mein Vater öffnet kurz den Mund. Ich weiß ja, wie er früher bei Abendschau und Tagesschau regelmäßig über diese linken Chaoten geschimpft hat. Jetzt aber widmet er sich lieber seiner Hummusstulle.

Meine Mutter legt ihre Hand auf meinen Unterarm. »Das tut mir so leid. Ich hab's schon immer geahnt.«

Mein Vater schüttelt den Kopf. »Könntest du nicht wenigstens trans sein?«

»Wieso das denn?«

»Dann wärst du bloß ein Opfer grüner Politik und nicht automatisch an allem schuld!«

»Ich bin auch so an allem schuld. Weil ich ein weißer Cis-Mann bin, der gerne mit Cis-Frauen schläft.«

»Aber Kind!«, ruft meine Mutter. »Darf man das als Vegetarier?«

Mein Vater greift nach einer Scheibe Schinken.

»Eigentlich ist der Habeck ja ein ganz Netter«, sagt meine Mutter. »Würde er uns nur nicht das Heizen verbieten.«

»Aber ...«, sage ich.

»Lass gut sein«, sagt mein Vater. »Immerhin besser als die FDP. *Die* waren ja schon immer jenseits der Realität. Und inzwischen ziehen deren Märchenerzählungen nicht mal mehr bei Zahnärzten.«

»Und Papa weiß, wovon er spricht«, sagt meine Mutter. »Papas Zahnarzt sitzt sogar für die AfD im Abgeordnetenhaus.«

»Was?«, sage ich. »Du musst sofort den Arzt wechseln!«

»Wieso?«, sagt mein Vater. »Nazis den Stinkefinger zeigen,

war nie so meins. Aber jetzt zeig ich einem Nazi halt mein heruntergerocktes Gebiss. Ist für den bestimmt auch kein schöner Anblick.«

ABIBALL

Heiko Werning

Als ich 1990 in Münster Abitur gemacht habe, stellten wir den letzten Schultag unter das Motto »Wilder Westen«, warum auch immer. Viele meiner Mitschüler, andere Geschlechter gab es damals ja noch nicht, verkleideten sich als Sheriffs, Cowboys oder Indianer, die damals noch so hießen, wie sie sich noch heute in den USA zu einem nicht ganz unerheblichen Teil auch selbst benennen, weil sie noch nicht von dem studierenden antikolonialistischen Nachwuchs des weißen Mannes darüber aufgeklärt worden sind, dass das eine Fremdbeschreibung ist, die sie gefälligst nicht mehr zu benutzen haben. So waren die Zeiten damals eben im westlichen Westdeutschland. In jenem schönen westlichen Westdeutschland, in dem die DDR nur eine Rolle spielte, wenn darüber gestritten wurde, ob man sie in Anführungszeichen zu schreiben habe oder ohne, ansonsten aber kümmerte uns dieser entlegene Volksstamm weit weniger als eben jene Indianer, über die wir zumindest spannende Filme gesehen und viel Gutes gelesen haben. Während wir über die DDR, ob mit oder ohne Anführungszeichen, immer nur langweilige Dokumentationen und viel Schlechtes gelesen haben. Außerdem war Pierre Briece erheblich sexyer als Erich Honecker. Wir hätten uns allemal lieber mit den Sioux, Apachen und Cherokees zu einer stolzen und edlen Nation vereinigt als mit den jammerlappigen Sachsen, Thüringern und Brandenburgern, aber uns hat ja keiner gefragt damals.

Jedenfalls war »Wilder Westen« am letzten Schultag, und ich verkleidete mich als Säulenkaktus. Ich habe das gar nicht provokativ oder widerständlerisch gemeint, ich fand einfach, dass Säulenkaktus mir am besten stand. Ich trug grüne Strumpfhose, grüne Socken, ein grünes langärmeliges Shirt und hatte mit grünem Blumendraht dutzende hübscher Stacheln hineingestochen. Klingt aus heutiger Sicht vielleicht ein bisschen verhaltensauffällig, aber meine Klassenkameraden fanden, dass ich genau die passende Verkleidung gefunden hatte. Das praktische Problem, sich wegen der Stacheln nicht umarmen zu können, gab es damals noch gar nicht, denn man umarmte sich nicht. Niemals. Außer, man war ein Paar. Ansonsten war dieses allumfassende Einander-Umarmen und Busseln und Herzeln und Angrabbeln noch völlig unbekannt. Kam auch erst nach der Vereinigung über uns. Ja, ich weiß, die Zonis behaupten, sie hätte nichts damit zu tun, sie hätten sich immer nur die Hand gegeben, aber ich weiß nicht, Bruderkuss und so, mit Kaktus wäre das nicht passiert.

Trotzdem wussten wir noch zu feiern damals! Höhepunkt der Veranstaltung in der Schulturnhalle war der Auftritt von Frank »Benne« Bennemann, der zu sanften Gitarrenklängen das Lied »Zeugnistag« von Reinhard Mey vortrug. Die Stimmung in der Schülerschaft kochte!

Die Zeiten ändern sich. Inzwischen haben wir zwei Dutzend Geschlechter, aber keinen einzigen »Oberindianer« mehr, dafür müssen wir uns rund um die Uhr das Genöle der Ostdeutschen anhören, die sich erst in unsere gemütliche Republik reingedrängt haben und jetzt alles scheiße finden. Kann man nichts machen. So ist der Lauf der Dinge.

Entsprechend gelassen schaue ich auf das heutige Gewese rund um den letzten Schultag meines älteren Sohnes, der sich zu einer ganzen Mottowoche ausgewachsen hat. An jedem Tag der letzten Schulwoche gibt es ein anderes Tagesmotto, und die Schüler*innen beziehungsweise »Schülis« gehen wahlweise als Tourist, New-York-Fashion-Victim, in einer Gruppenverkleidung, als Kindheitsheld oder als jemand aus der »guten alten Zeit«. Mein Vorschlag, unter dem Motto »gute alte Zeit« einfach als Westdeutscher zu gehen und sich dafür als Säulenkaktus zu verkleiden, stieß bei meinem Sohn auf Unverständnis, aber dafür wählte er als Kindheitsheld den Kung-Fu-Panda und verkleidete sich mit meinem alten Panda-Ganzkörper-Schlafanzug, den wir mal im Brauseboys-Jahresrückblick eingesetzt hatten. Das sind die Verkleidungen meines Lebens: Säulenkaktus und Großer Panda. Schon immer wurde ich für meine Geschmackssicherheit bewundert.

Dann der Abiball. Unser Hausmeister Bruder Spellmeier richtete dafür in der Pausenhalle eine Tanzfläche ein, stellte Stühle und Tische aus den angrenzenden Klassenräumen an den Rand und schenkte Sekt und Bier an seinem Stand aus, wo er sonst in den Pausen Kakao verkaufte. Die Eltern brachten Nudelsalat, Pudding und Tsatsiki mit und stellten die Schalen auf die Tische, dann feierten Schüler mit Lehrern und Eltern bis tief in die Nacht. Ein gutes Fest.

Und heute: Ein Jahr vorher sollen wir für 80 Euro pro Person die Karten für den Abiball kaufen. Ein Jahr zuvor? Ja, erklärt der Sohn, wegen der Planungssicherheit und der Anzahlung. Sonst kann der Event-Service das Early-Bird-Angebot nicht halten. »Der Event-Service?«, frage ich verblüfft. »Habt ihr keinen Bruder Spellmeier?« Aber die Zeiten ändern sich nun mal, wie gesagt. Heute ist eben nicht mehr Pausenhalle, Kakaostand, Nudelsalat und Bruder Spellmeier, sondern ein Ballsaal in Moabit mit Profifotografen, Liveübertragung des Bühnen- und Tanzgeschehens auf Großbildleinwände, mediterranem Buffet mit veganen Spezialitäten sowie eben einem Event-Service.

Sollen sie machen, die jungen Leute. Mein Vertrauen in die

nachwachsende Generation ist groß. Sie sprechen fließend Genderisch. Kann man sich drüber lustig machen, klar, aber sie bemühen sich wenigstens, niemanden auszugrenzen, also: What's so funny about? Sie demonstrieren für mehr Klimaschutz und bestreiken dafür die Schule. Kann man sich auch drüber lustig machen, klar, was dann ja vor allem Leute machen, die den Schülis sagen, sie sollten erst mal was Ordentliches lernen, und die denselben Schülis, wenn sie dann etwas Ordentliches gelernt haben, nämlich zum Beispiel Physik, Klimaforschung oder Meteorologie, erklären, dass das mit der Erderwärmung aber Quatsch sei, weil es vor 50 Jahren auch schon mal im Sommer 40 Grad warm war. Und die jungen Leute beauftragen trotzdem ein Jahr vor ihrem Abi einen Event-Service, die glauben trotz allem noch an die Zukunft! Das ist doch ein bewundernswerter Optimismus, ich meine, wer weiß denn ein Jahr vorher schon, ob der Russe bis dahin nicht gekommen ist oder die Affenpocke.

Gut gelaunt sitze ich also beim Abiball, erfreue mich an den souveränen Bühnendarbietungen, nehme anerkennend die gelungene Übertragungstechnik und Bildregie zur Kenntnis und denke: Ja, ihr macht das schon. Wir haben's nicht hingekriegt, tut mir leid, wir haben's versemmelt. Wir haben euch den Klimawandel gebracht und Putin und Trump und bald auch noch Merz, selbst *Oasis* ersteht wieder auf, aber ihr macht das schon, ihr haut uns da raus, und wenn ihr dafür halt TikTok braucht und Influencer und Millionen von Reels und Tutorials, meinetwegen. Ich denke, für unsere Generation ist es an der Zeit, allmählich mal Ruhe zu geben und sich aufs Altenteil zurückzuziehen.

Und dann sagt die Schülermoderatorin, dass sie freundlich bitten möchten, dass die Eltern bis 23 Uhr den Saal räumen mögen, damit sie danach ungestört allein weiter feiern können. Ich lache und denke, das ist ja ein ausgefallener Scherz.

Bis mir klar wird: Die meinen das ernst. Um 23 Uhr ist Schluss mit Eltern. Ich kann es kaum glauben. Inklusion von jedweder sexuellen Abweichung, aber die Alten sollen gefälligst verschwinden, wenn die Party erst richtig losgeht? Weil ... weil sie halt alt sind? Weil's sonst zu teuer wird? Und überhaupt, teuer: 80 Euro für einen Teller lauwarmes Couscous mit Möhrenmatsch, und ich bin noch nicht mal richtig besoffen? Was ist denn das für eine Spießerscheiße? Und Spießerinnen! »Na ja, die wollen halt auch unter sich feiern«, gibt ein Abi-Appeasement-Vater zu bedenken, als ich mich in Rage zu schimpfen beginne, aber was ist denn das für ein bescheuertes Argument, die haben doch schon die ganze Vorabizeit permanent zusammen gefeiert, ist ja auch richtig so, aber so ein Abiball die ja wohl einzige Gelegenheit im gesamten Schulkontext, mal intergenerationell und über die Lehrer-Eltern-Schüli-Schranken hinweg zu feiern! Das Ende eines wichtigen Lebensabschnitts, den die Eltern ja nicht ganz unwesentlich begleitet und überhaupt erst mal durch frühere Partyaktivitäten sozusagen ermöglicht haben? Das erste Mal, wo man mal gemeinsam offiziell betrunken sein kann! Wovor habt ihr denn Angst? Dass wir peinlich sind? Dass wir als Säulenkaktus auf die Tanzfläche stürmen und Reinhard-Mey-Lieder singen? Und wenn? Na und? Passt das dann nicht in eure antikoloniale Cis-Trans-Event-Early-Bird-Mottowochen-Welt? Müsste es nicht das Ziel sein, alle einzuschließen, ob peinlich oder alt oder Säulenkaktus? Was soll denn das für eine bessere Welt sein, wenn man es nicht mal einen Abend aushält, auch mal mit Leuten außerhalb der eigenen Alterskohorte zu verbringen? Was ist bloß los mit dieser Jugend? Event-Services engagieren, Partys ein Jahr im Voraus planen, aber dann plötzlich scharenweise die AfD wählen, die Massenmörder der Hamas zu Freiheitskämpfern erklären und beim Abiball die eigenen Eltern nach Hause schicken? Um elf!

Meine Fresse, denke ich, es bleibt für meine Generation doch noch jede Menge zu tun. Es ist eindeutig noch zu früh, sich aufs Altenteil zurückzuziehen. Sie müssen noch so viel lernen, diese jungen Leute. Da müssen wir ihnen wohl noch einiges beibiegen. Schimpfend und zeternd machen wir uns davon.

Mit ein paar befreundeten Eltern ziehen wir weiter, zu einer Dönerbude, irgendwo in Moabit. Wir setzen uns in die laue Sommernacht und kaufen ein paar Bier. Wir entspannen uns. Plötzlich kommt eine Gruppe Jugendlicher die Straße entlang. Vom Abiball. »War langweilig geworden«, sagen sie. »Wir dachten, wir trinken lieber hier noch ein Bier.« Es ist dann noch eine schöne, lange Nacht geworden. Die Weltlage ist düster, gewiss. Aber gemeinsam können wir es vielleicht doch noch irgendwie schaffen.

GENERVT VON MÄNNERN

Frank Sorge

Ich bin genervt von Männern, ziemlich lange schon und oft auch so, dass ich eigentlich nicht damit in Verbindung gebracht werden will. Diese »Art unter Männern«, das Gehabe, die Lautstärke, die Bärte. Wie sie ihr dickes Auto vorfahren, wie sie ihre Bäuche zurechtrücken, wie sie die Ärmel hochkrempeln, wie sie glotzen, wie sie Rudel bilden, die Aggressivität, es nervt alles nur noch gewaltig. Ich mache das Internet an, und sofort nerven mich Männer mit ihrem Männerkram. Solidarisch kann ich da eigentlich nicht sein, muss es zum Glück aber auch nicht.

Gerade flimmerte den Tag über ein Foto des Fernsehkomikers durchs Netz, der mit bekloppten Kommentaren zu paralympischen Sportlern aufgefallen war. Das allein war schon peinlich genug für jemanden, der als Moderator im Fernsehen weiter moderieren will, aber genervt hat mich, wie sie in der Sendung auf ihren Studiosesseln herumlümmeln. Eine typisch männliche Pose auf einem Sofa oder Diwan oder dergleichen, mindestens ein Bein wird dabei aufgestellt, damit das Gemächt frei schwingen kann. Dann noch die Schultern auf die Lehne und dem Gesprächspartner die ganze Zeit diesen Schritt mit dem federnden Bein zuwenden. Eine ganz normale Pascha-Pose, die sicher auch schon bei römischen Senatoren, morgenländischen Sultanen und amerikanischen Sklavenhändlern beliebt war. Sie betont das Gemächt, der Mann wäre am liebsten ganz Schwanz, er lässt außerdem um sich viel Platz für mögliche Gespielinnen, die sich an ihren Beschützer anlehnen können.

Dass es mich so nervt im Moment, liegt bestimmt auch an Elon Musk, der Twitter zum Bällebad für nervige Männer umgebaut hat. Ich will mich aber so nicht vertreiben lassen. Der Übermann nervt selbst gewaltig mit seinem Männerkram, obwohl er schon zwölf Kinder gezeugt hat, fehlt es ihm noch an männlicher Bestätigung, womöglich sind ein paar letzte Sicherungen zur Vernunft insgesamt durchgebrannt. Nicht nur, dass er die nervigsten Männer überhaupt unterstützt, die toxischen, fragilen, er bildet sich jetzt auch ein, dass es das beste für die Welt wäre, sie würde von wenigen Alpha-Männchen regiert. Also zum Beispiel von ihm. Man denkt zuerst, ob das ein Witz sein soll, der Mann baut doch Raketen, dann denkt man, dass das mit den Raketen vielleicht gar kein Zufall, sondern der eigentliche Witz ist, aber schließlich bleibt nur die Gewissheit, dass es eine Flucht nach vorne ist. Er scheint schon zu wissen, dass es in eine Sackgasse geht mit dieser Geisteshaltung, und rennt in die Psychose. Es scheint alles so dämlich, dass gerade jemand, der sich herausnimmt, die menschliche Zivilisation retten zu wollen, auf den Pfad der Zerstörung menschlicher Zivilisation gerät, aber vielleicht ist es auch nur der übliche, nervige männliche Gewohnheitsfehler: nicht einzusehen, dass etwas eine blöde Idee war, sondern mit immer noch mehr blöden Ideen den Blödsinn zu rechtfertigen.

Was das alles mit Männlichkeit an sich zu tun hat? Ja, das würde ich auch gerne wissen. Natürlich muss ich mir die Gegenfrage stellen, nervt mich denn Weiblichkeit? Da kann ich so angestrengt nachdenken, wie ich will, etwas Vergleichbares fällt mir einfach nicht ein. Weiblichkeit nervt mich nicht und ich kann mir einbilden, dass es daran liegt, dass ich ein Mann bin mit besonderem Interesse an Frauen, aber die nervigen Männer würden wiederum das Gegenteil behaupten. Die scheinen von Weiblichkeit nämlich sehr genervt, vor allem von Frauen, die sich auf gleiche Positionen bewerben, dann reagieren nervige Männer sehr empfindlich.

Mich nerven diese Gedankengänge, denen ich täglich ausgesetzt bin wegen dieser nervigen Männer überall, weil ich eigentlich das Gefühl habe, dass sie mich nichts angehen, dass sie mich nicht betreffen. Sie betreffen mich aber, denn zweifellos bin ich ein Mann und mache auch, was nervige Männer so machen. Nur weil ich genervt bin, will ich mich nicht erheben. Statt im öffentlichen Nahverkehr aber Frauen anzuglotzen, finde ich es interessanter, Männern dabei zuzuschauen, wie sie Frauen anglotzen. Also eigentlich ist es nicht Interesse, eher Ekel und Scham, und es kostet Nerven, aber es fördert durchaus das Verständnis dafür, warum Frauen im öffentlichen Nahverkehr so genervt aussehen. Sie haben nämlich jeden Grund dazu. Also versuche ich, möglichst wenig dazu beizutragen, und gelegentlich hilft es nervigen Männern auch, wenn sie von anderen Männern ertappt werden. Es ist alles so wahnsinnig nervig, aber vor allem, dass es interessant ist, darüber nachzudenken, vor allem, um irgendeinen Weg zu finden, das zu stoppen. Vieles wurde versucht, immer wieder gefragt, wie er denn nun aussieht, der neue Mann, und man resigniert, ob verschiedener Vorstellungen wegen, Visionen oder vor dem Schlamm, den man bei jedem Versuch abbekommt. Ich glaube mittlerweile, es ist gar nichts Neues dafür auszudenken.

Wie im Falle von Russlands Angriffskrieg auf die Ukraine gäbe es einen einfachen Weg für eine bessere Zukunft mit nervigen Männern. Sie sollen sich zurückziehen und die Angriffe einstellen. Grenzen wiederherstellen und Wiedergutmachung leisten. Vielleicht kein Zufall, dass es mit nervigen Männern genauso ist, Krieg und Männer, das gehört ganz ursächlich zusammen. Man muss sie nicht umbiegen, sie müssen nur etwas lassen. Auch beruhigend finde ich, dass die Schuldfrage eindeutig ist. Wer anderes sollte schuld sein, als wir Männer? Die jüngeren am wenigsten, je älter, je schuldiger. Noch schuldiger die Ur- und Ururgroßväter bis zu den auf Diwans herumlümmelnden Senatoren und Kalifen. Hätte man alles längst lassen können, und jetzt fangen die wieder an, ich finde es einfach nur nervig. Es ist doch alles so eindeutig. Nur eins habe ich noch nicht so ganz verstanden: Fast alle Männer, die zu meinem engeren Umfeld gehören, sind gar nicht so nervig. Da kann doch auch was nicht stimmen.

DIE GUTE SEELE DER WELTVERSCHWÖRUNG

Volker Surmann

Sie ist eine ältere Dame, wie man sie im Kurcafé von Bad Belzig erwarten würde. Im Film könnte man sie als Miss Marple besetzen, denken wir, als sie sich zu uns auf die Parkbank setzt. Dabei übte Dana Kasulke (Name geändert) bis Ende Mai einen der spannendsten Jobs der Welt aus – unerkannt im Berliner Wedding.

INTERVIEWER: Herzlichen Glückwunsch zur Pensionierung, Frau Kasulke. Das war doch sicher ein hektischer Job, den Sie die letzten 40 Jah ...

SEKRETÄRIN: 41 Jahre!

I: ... den Sie die letzten 41 Jahre ...

S: Und sieben Monate!

I: Stimmt, ich vergaß, mit Zahlen nehmen Sie Juden es ja immer ganz genau. Also, den Sie *so* lange ausgeübt haben.

S: Ja, manchmal war's ganz schön hektisch.

I: Wieso unterhalten wir uns hier draußen im Schillerpark?

S: Aus Sicherheitsgründen. Ich muss jederzeit schnell verschwinden können. Außerdem wohn ich da vorne.

I: Gut. Wie muss man sich Ihren Job denn vorstellen? Sie waren bis zu ihrer Pensionierung ständige Sekretärin der jüdischen Weltverschwörung.

S: *Chef*sekretärin!

I: Chefsekretärin der jüdischen Weltverschwörung. Und wer war der Chef?

S: Oder die Chefin. Das kann ich Ihnen natürlich nicht sagen.

Nur so viel: Verschwörungen sind immer in Zirkeln organisiert. Das weiß man doch. Das haben wir auch immer so gehalten.

I: Und was waren Ihre Aufgaben?

S: In erster Linie die Mitgliederkartei pflegen. Sie müssen ja ständig alle aktuellen Kontaktadressen von allen Jüdinnen und Juden haben, und das weltweit. Das sind ja knapp 15 Millionen Datensätze. Das ist einmal das Telefonbuch von Istanbul! Und das DSGVO-konform.

I: DSGVO-konform?

S: Nicht auszudenken, solch eine Datei würde gehackt! Und dann noch all die Ehrenmitglieder einpflegen!

I: Ehrenmitglieder?

S: Ja! Der Bill Gates zum Beispiel.

I: Ich dachte, der wäre ...

S: Nein, Katholik.

I: Wie müssen wir uns Ihren Arbeitsplatz vorstellen? Ein Glastower, darin der Konferenzraum der jüdischen Weltverschwörung und Sie da im Vorzimmer?

S: Und jedes Mal, wenn George Soros an mir vorbei geht, flirtet er ein bisschen mit mir?

I: Nicht?

S: Ich bitte Sie, der Herr Soros ist 94. Ich glaube, Sie verwechseln mich gerade mit Miss Moneypenny.

I: Also kein Kontakt?

S: Das habe ich nicht gesagt. Der Herr Soros hat ja Dyskalkulie. Wenn er mal was ausrechnen wollte, ist er meistens zu mir gekommen.

I: Wie muss ich mir Ihren Arbeitsplatz denn dann vorstellen?

S: Also, ich arbeitete im Homeoffice. Im Weltjudentum haben wir schon weit vor Corona damit gearbeitet.

I: Ach was! Und wo war dieses Homeoffice?

S: Bei mir in meiner Wohnung, im Berliner Wedding. Im Nähzimmer, wenn Sie es genau wissen wollen. Mein Mann durfte ja nichts mitkriegen.

I: Was macht Ihr Mann, der Herr Kasulke, denn so?

S: Ach, da habe ich ein wenig den Überblick verloren. Aber in Berlin ist der bekannt wie 'n bunter Hund.

I: Und der wundert sich nicht, dass in Ihrem Nähzimmer jetzt Ihre Nachfolgerin sitzt?

S: Oder Nachfolger. Nein. Denn das Homeoffice befindet sich jetzt natürlich ganz woanders.

I: Wo denn?

S: Netter Versuch. Das ist natürlich streng geheim.

I: Und da gab es nie Probleme?

S: Einmal drohte meine Tarnexistenz aufzufliegen. Mein Mann wollte, dass ich endlich mal richtig arbeiten gehe, anstatt ständig von früh bis spät im Nähzimmer am Laptop rumzuhängen.

I: Oha.

S: Aber da hatte der Bill dann die Idee mit dem Virus.

I: Wie bitte?

S: Na ja, ein weltweites Virus freizusetzen, das die Menschheit dazu zwingt, zu Hause zu arbeiten.

I: Frau Kasulke. Es ist ja schon überraschend, dass die Zentrale der jüdischen Weltverschwörung mehr als 41 Jahre lang ausgerechnet im Berliner Wedding residierte.

S: Das Sekretariat, nicht die Zentrale.

I: Und wir alle wissen doch, dass ohne die Chefsekretärin gar nichts läuft in einem Büro.

S: Sie schmeicheln mir, haben in der Sache aber natürlich völlig recht. Der Wedding war die beste Tarnadresse, die man sich vorstellen könnte. Was haben Sie denn geglaubt? Dass ich in der Besenkammer von Edmond de Rothschild hause?

I: Na ja ...

S: Es würde mich nicht überraschen, wenn meine Nachfolgerin ihr Büro in Teheran hätte. Oder im Trump-Tower. Oder in einem AfD-Büro im Brüsseler Europaparlament. Die kriegen ja so überhaupt nicht mit, wer für sie arbeitet, hihihi.

I: Die Wahl fiel auf Sie, weil man in Deutschland niemals das Sekretariat erwartet hätte?

S: Nein, die Wahl fiel auf mich, weil man mich haben wollte. Wissen Sie, es gibt weltweit 15 Millionen Juden. Das sind global gesehen nicht sonderlich viele. Da muss man sehr gut organisiert sein, und ich kann sehr gut organisieren.

I: Können Sie uns da einen kleinen Einblick geben in ihre Tätigkeiten?

S: Als Letztes musste ich ja den Eurovision Song Contest organisieren.

I: Nein, nicht wirklich!

S: Doch. All die dummen Sender der EBU bestechen, die Angriffs- und Verteidigungskrieg nicht auseinanderhalten konnten. Und dann die ganzen Anrufe organisieren! Als gäb es nichts Wichtigeres als eine musikalisch eher mittelmäßige Schmachtballade ...

I: Die Anrufe für Israel haben alle Sie gemacht?

S: Natürlich nicht! Aber ich musste alle dran erinnern! Und machen Sie das mal bei 15 Millionen Leuten! Und dann muss man einen Herrn Soros natürlich noch mal extra dran erinnern. Der hat ja keine Ahnung von diesem schrecklichen Contest, dem muss man das erst mal erklären, was das ist und wieso Israel nicht Letzter werden darf. Und beim Semifinal war in New York noch nicht mal Börsenschluss!

I: Apropos New York. Dort behaupten ja gewisse Menschen, dass sich Ihre Führung von Babys ernährt. Ist das wahr?

S: Also, tut mir leid. Darüber spreche ich gar nicht gern.

I: Wieso?

S: Finden Sie da mal den passenden Caterer! Und wer muss sich darum kümmern? Die Chefsekretärin: »Frau Kasulke, am Mittwoch trifft sich der Inner Circle, organisieren Sie bitte das Büffet! Und Sie wissen schon, es muss für alle reichen, knick knack.« Hören Sie mir auf damit! Und diese ganzen Details! Woher nehmen? Und wie kriegen wir es hin, dass keinem Menschen all die fehlenden Babys auffallen? Schrecklich so was!

I: Aber Sie haben auch diese Probleme mit Bravour gelöst!

S: Ja, es gab immer nur Tofu. Ist aber niemandem aufgefallen, da zahlten sich unsere ganzen Weingüter mal aus. Haben Sie noch weitere unappetitliche Fragen?

I: Ja, viele.

S: Die werde ich Ihnen aber nicht mehr beantworten, ich hab schon viel zu viel erzählt.

I: Was sagen Sie denn zum Nahostkon ... – Frau Kasulke ...?!

Mit einem beherzten Sprung über die Lehne ist Dana Kasulke hinter der Bank verschwunden. Im Gebüsch finden wir nur noch ihr Jäckchen und eine weißgraue Perücke. An dem Haus, auf das sie eingangs zeigte, steht zwar der Name auf dem Klingelschild, doch Herr Kasulke reagiert unwirsch, als wir ihn nach der Frau fragen, die aus seinem Nähzimmer heraus die jüdische Weltverschwörung koordinierte.

K: Frau? Nähzimmer? Hör'n Se, Sie Vogel, ick wohn hier alleene: ein Zimmer, Küche, Klo uff halber Treppe. Und Chefsekretärin der wat ...? Ham Sie Lack gesoffen oder was?«

ES MUSS DEN MENSCHEN DIENEN

Robert Rescue

Günter Leifheit, der große Sohn meiner Heimatstadt Nassau/ Lahn, ist in der Waffen-SS gewesen. Diese Nachricht ging im Juni 2024 durch die Presse, also so richtig, denn so gut wie jede Zeitung hierzulande berichtete darüber, als gäbe es keine anderen Nachrichten. Die Bürger von Nassau dagegen überraschte die Meldung nicht. Das mit der Waffen-SS wussten alle, obwohl Leifheit nach dem Krieg einiges unternommen hat, damit keiner davon erfuhr, aber neu sind die Details. Für die ist der Münchener Historiker Stefan Holler verantwortlich, der eine 57-seitige Studie zu Leifheits Nazi-Biografie veröffentlicht hat. Holler ist ebenfalls ein Sohn der Stadt. Er wusste daher, dass Leifheit ein Nazi gewesen ist, und seine berufliche Qualifikation erlaubte es ihm, beim Bundesarchiv und speziell bei der Abteilung »Personenbezogene Auskünfte zum Ersten und Zweiten Weltkrieg« die Details herauszuarbeiten.

Der Einfluss von Günter Leifheit auf die Kleinstadt Nassau in Rheinland-Pfalz ist gewaltig. Er baute die gleichnamige Haushaltswarenfirma auf, die jeder kennen dürfte, weil jeder was von Leifheit in der Küchenschublade zu liegen hat. Bei Leifheit arbeiteten fast alle Familien der Stadt. Mein Vater wurde in den siebziger Jahren von Günter Leifheit persönlich angeworben, meine Mutter begann zur gleichen Zeit, ich machte von 1985 bis 1990 dort eine Ausbildung und arbeitete zwei Jahre im Schichtbetrieb, bevor ich den gleichen Drang wie Stefan

Holler verspürte und mein Glück in der Fremde suchte. Mein ältester Bruder arbeitet heute noch dort. Mein mittlerer Bruder dagegen kann als einzige Verbindung zur Firma Leifheit vorweisen, dass er sich mal auf dem Firmengelände ein Loch in der Straße angeschaut hat. Zu jener Zeit waren Winterschäden noch ein großes Thema in der Lokalzeitung, und ein Reporter hatte meinen Bruder, der gerade als Lehrling einer Heizungsbaufirma auf dem Gelände zu tun hatte, gebeten, sich kniend und sinnierend den Frostschaden zu betrachten, um den Artikel illustrieren zu können.

Günter Leifheit verließ Nassau Anfang der Siebzigerjahre, blieb der Stadt aber verbunden und sie ihm. Neben der Firma gibt es eine nach ihm benannte Straße, eine Stiftung, ein Kulturhaus und ein privates Gymnasium (übrigens meine ehemalige Hauptschule) quasi neben der Firmenzentrale, wo sich die Firma ihr Personal für die Zukunft ausbildet. Großer Beliebtheit erfreut sich zudem das jährliche Gedächtniskonzert für Günter Leifheit in der Stadthalle.

Und jetzt der Skandal. Also die Details. Leifheit ist 1932 in das »Deutsche Jungvolk« eingetreten, 1938 folgte der Beitritt zur NSDAP, 1940 der freiwillige Eintritt in die Waffen-SS, wo er bis Kriegsende in verschiedenen Pionier-Einheiten der »Leibstandarte-SS Adolf Hitler« gedient hat. Bis zum Kompanieführer wurde er befördert, was bei einem Alter von 24 Jahren ein Zeichen für ein ausgeprägtes Engagement für die Sache gewesen sein dürfte. Nach dem Krieg dann das große Vergessen und der Neuanfang. Bis er nach Nassau kam, sollten noch knapp zehn Jahre vergehen. Auch dort hatte sich die Bevölkerung inzwischen erfolgreich entnazifiziert, wie mein mittlerer Bruder mir mit erstaunlichem Detailwissen schrieb: »1945 haben die regionalen Wortführer aus der NSDAP ihre Mitgliedsbücher, Waffen, Orden etc. versteckt, ich weiß sogar ziemlich genau wo. Ist aber heute privat und daher nicht so einfach hinzukommen. Da habe ich schon als Kind nach gesucht. Ich könnte zig Namen nennen.«

Es gibt im Umland von Nassau einige Felsformationen, in denen es Minen von früheren Bergbauaktivitäten gibt, und die Zugänge sind mit Türen gesichert, die anno dazumal verschlossen wurden. Gut möglich, dass in den Stollen Dinge lagern, die einiges aufwirbeln könnten, aber nach all der Zeit ist anzunehmen, dass alles vermodert, verrostet und unbrauchbar ist. Danach suchen will auch niemand, weil außer meinem Bruder niemand davon weiß, und er selbst hat keine Lust und inzwischen auch keine Kraft mehr, sich bei Nacht und Nebel mit einer Brechstange, einer Lampe und einem Seil davon zu überzeugen, ob seine lebenslange Vermutung stimmt oder nicht.

Günter Leifheit wollte von der Kriegszeit, wie viele andere, nichts mehr wissen, aber man konnte sich nicht so einfach vor den Kameraden verstecken, außer man nahm eine neue Identität an und ging ins Ausland. Im Nachkriegsdeutschland waren die Veteranenverbände von Wehrmacht und Waffen-SS äußerst effizient vernetzt. Es war wie eine Art Facebook mit Zwangsmitgliedschaft. Wer nicht aktiv mitmischte oder sich auf andere Weise verdient machte, musste damit rechnen, dass irgendwann ein humpelnder, unrasierter Mann mit Spendenbüchse vor der Tür oder der Sekretärin stand und verlangte, sich mit dem Herrn XY oder jemand anderem über die »gute, alte Zeit« zu unterhalten. In der Zeit von 1968 bis 1978 trafen sich die SS-Veteranen an Pfingsten in Nassau, um in der Stadthalle Eisbein und Kartoffelpüree zu speisen, Anekdoten auszutauschen, Lieder zu schmettern und schließlich in einer Art Umzug durch die Stadt zu marschieren. Merkwürdigerweise war die Gegend um Nassau damals gefragt bei den Veteranen der Leibstandarte, die nach einer Bleibe suchten, und es wird gemunkelt, dass ein über die Region hinaus bekannter Unternehmer jedes Jahr 20.000 Mark für die Sause in Nassau springen ließ.

Es ist nicht gesichert, ob Günter Leifheit der edle Spender war, aber es würde passen: Er hielt sich somit die Kameraden vom Leib (auch wenn sie drei Kilometer Luftlinie von ihm feierten) und kam trotzdem gewissen »Verpflichtungen« der soldatischen Kameradschaft nach.

Keine Ahnung, wer auf politischer Ebene diese Veteranen-Treffen genehmigte und damit glücklich oder unglücklich war. 1978 waren die SS-Schergen immer noch nicht tot. Manche von ihnen schleppten sich inzwischen auf Krücken zu dem Kameradschaftstreffen. Aber es regte sich Widerstand unter den jungen Leuten. Mein mittlerer Bruder und seine Kumpels hörten damals das Lied »Wir sind die Moorsoldaten« in der Version von Hannes Wader. Das Lied hatten politische Häftlinge des KZ Börgermoor 1933 verfasst. Da stand also mein mittlerer Bruder mit seinen 15 Jahren und protestierte mit Spruchbändern und Singen gegen die Kameraden von der Waffen-SS, die sich von dem »Moorsoldaten«-Lied angegriffen fühlten. Ich kann mir gut vorstellen, wie Wilhelm »die Bestie von Kursk« Kasulke, Sturmbannführer a. D. der SS-Division Totenkopf, mit meinem Bruder rang, diesem langhaarigen Freak ohne anständige Erziehung und Charakter, der so volksfremde Musik hörte wie *Uriah Heep* und *10 CC*, während Polizeimeister Hübner mit dem Schlagstock auf meinen Bruder einprügelte, weil es nicht sein konnte, wie so ein linker Bombenleger mit einem alten, hilflosen Mann umging. Ein Reporter vom »Stern« war anwesend, schoss haufenweise Bilder und hatte für die nächste Ausgabe eine verdammt gute Story.

Der Spuk war vorbei. Im Jahr darauf gab es keine Genehmigung mehr. Die SS-Kameraden suchten sich neue Treffpunkte, wurden aber nicht fündig. Für die noch junge Städtepartnerschaft zwischen Nassau und dem französischen Pont Chateau waren diese Treffen ohnehin suboptimal gewesen.

Erst 1996 musste sich Leifheit wieder der Vergangenheit stellen. Irgendeine Person wollte von der Zentralnachweisstelle des Bundesarchivs wissen, ob er, der am 13.12.1920 in Wetter an der Ruhr geborene Günter Leifheit, mit dem am 13.12.1920 in Wetter an der Ruhr geborenen Günter Leifheit identisch war, über den Informationen zu einer nationalsozialistischen Vergangenheit bekannt waren. Eine Mitarbeiterin des Bundesarchivs schrieb Leifheit an. Dieser mag sich gedacht haben, er fickt einfach mal das System, rief das Archiv an und behauptete, zwar Günter Leifheit zu sein, aber ein anderer, und dass er keine Weitergabe seiner Daten wünsche. Die Frau vom Amt fertigte eine Aktennotiz an, und die Sache war erledigt.

Am Ende seiner Studie appelliert Stefan Holler an die beteiligten Institutionen, die neuen Erkenntnisse zum Leben von Günter Leifheit künftig zu berücksichtigen. Wie wird das geschehen? Wird die Studie ausgedruckt und ans Firmen- bzw. Schultor getackert? An der Schule vielleicht an dem großen Schild mit dem Lebensmotto von Leifheit: »Es muss den Menschen dienen«?

Vielleicht, vielleicht auch nicht. Man werde jetzt ein Gutachten in Auftrag geben, wird verkündet, schließlich kann es nicht schaden, eine zweite Studie in petto zu haben, falls der Historiker Holler was durcheinandergebracht hat. Da war doch was mit einem anderen Günter Leifheit.

Danach folgen Beratungen, natürlich, Beratungen.

VORSICHT VOR BISSIGEN MÜCKEN

Thilo Bock

In allen Lebensbereichen brechen Gewissheiten weg. Der FC Bayern München wird nicht automatisch Deutscher Meister. Notorische lügende Vorbestrafte dürfen in den USA Präsident werden. Aus unseren Steckdosen strömt immer seltener böser Strom. Und Mücken halten uns nicht mehr wach, wenn wir ihrem Gesirr durchs Schlafzimmer hinterherhechten.

Die Mücken von heute nähern sich ihren Opfern lautlos und sie stechen nicht mal. Vielmehr beißen sie sich fest für ihre kleine Blutmahlzeit zwischendurch. Jedenfalls die Kriebelmücken, mit denen ich kürzlich Erstkontakt hatte. Ich saß auf einer Insel, mitten im Mittelmeer, schaute verträumt auf die glutrot ins Meer eintauchende Sonne, als es mich am rechten Zeigefinger zu jucken begann. Beiläufig gab ich diesem Reiz nach.

Resultat war eine interessant aussehende Blutblase, die mir am nächsten Morgen tiefviolett entgegenleuchtete. Und sie blieb beileibe nicht die einzige alarmfarbige Stelle auf meiner Haut. Die an meinem Urlaubsort ansässige Kriebelmückensippe hatte offenbar Geschmack gefunden an den Nukleotiden in meinem Blut. Was auch immer das ist. Ich habe zwar den Begriff »Adenosintriphosphat« im Artikel der Wikipedia über Kriebelmücken aufgeschnappt, musste aber bei Lektüre der verlinkten Erläuterung bereits beim Wort »Nukleotid« mental kapitulieren – nach dem dritten Komma und noch vorm ersten Punkt.

Meine Unkonzentriertheit schöbe ich gerne auf die schmerzenden Insektenbisswunden, vornehmlich lenkte mich allerdings der Blick aufs unverschämt blaue Meer ab. Was mich zur Frage brachte, wie jene Kriebelmücken überhaupt auf diese Insel gekommen sind, wo sie doch nach meinen – zugegeben recht oberflächlichen – Recherchen eher in skandinavischen Feuchtgebieten heimisch sind. Ist es den Viechern dort etwa zu heiß und zu trocken geworden? Oder so schwül, weshalb sie sich milliardenfach vermehrt haben und schlichtweg nicht mehr genug Platz für alle Kriebelmücken war? Waren sie gezwungen, ihre angestammten Weidegründe zu verlassen? Am Ende haben sie bei dieser Gelegenheit gedacht: Wenn schon auswandern, dann richtig. Dorthin, wo wir besonders viel vom Klimawandel mitbekommen. Klimawandel, das soll ja das ganz große Ding gerade sein.

Letztlich bin ich also selber schuld am krassen Gekriebel auf meiner Haut und nicht nur, weil ich gekratzt habe. Ich bin nun mal ein Mensch. Und noch schlimmer: Ich verhalte mich wie einer. Jahrzehntelang habe ich für verstärkten Absatz von deutschem Tofu gesorgt und lediglich aus frischer Schwarzwaldluft schonend handgefilterten Strom in meine Elektrogeräte fließen lassen. Unterwegs war ich mit der Eisenbahn.

Als aber mein Nachtzug auf einem Abstellgleis bei Děčín zum Stehen kam, wurde ich schwach, weil eben Mensch. Und auf die nämliche Insel wäre ich sowieso nie gelangt ohne eine Schweröl verdampfende Fähre. Meine Ruderskills sind eher marginal. Und noch schlimmer: Um überhaupt in die Nähe eines Hafens zu gelangen, bin ich geflogen! Keine Entschuldigung. Es tut mir nicht einmal leid. Vielmehr bin ich es mitunter leid, mich in die Fahrkartensysteme diverser europäischer Staaten zu vertiefen, die Hälfte meines Urlaubs auf Umsteigebahnhöfen zu verbringen und dafür zudem doppelt so viel zu bezahlen, als wenn ich – einer Kriebelmücke gleich – mal eben in die Luft ginge, wie Millionen andere Menschen, die den seit Jahren trendenden Schuldkomplex Flugscham ganz gut hinter ihren *Lonely Planet*-Reiseführern zu verstecken wissen. Denn – ja, doch – die Welt ist schön. Besuchen wir ihre abgelegensten Ecken also, solange das noch möglich ist und bevor wer anderes eine Googlebewertung des Ortes abgegeben hat. Netter Meerblick, aber Vorsicht vor bissigen Mücken!

So was gab's doch früher nicht. Warum unternimmt niemand was dagegen? Klar, ich könnte mit dem Deutschlandticket nach Mecklenburg-Vorpommern rumpeln. Soll ja sehr schön sein. Und die Kriebelmücke beißt auch dort kraftvoll zu.

So sitzen wir also lieber mit versonnenem Blick aufs Mittelmeer, in dem ein paar Seemeilen weiter ein überbesetztes Schlauchboot Schlagseite bekommt, weil sich Menschen gezwungen sahen, ihre Heimat zu verlassen, wegen gewalttätiger Mitmenschen und auch, weil ihre Lebensumstände unerträglich geworden sind durch – grob zusammengefasst – Extremwetterlagen.

Wir sitzen und seufzen in unsere beschlagenen Gläser hinein. Schlimm, schlimm. Und jetzt die Kriebelmücke! An uns liegt das alles natürlich nicht. Wir sind ja die Guten. Die mit dem Ökostrom aus der Steckdose und dem E-Auto in der Garage. Den Diesel dagegen nutzen wir nur für lange Strecken. Wir wollen ja nicht mehr so viel fliegen, höchstens ein Mal im Jahr beziehungsweise zwei Mal. Irgendwann muss man leider wieder zurück, Geld verdienen für die nächste Reise. Immerhin kennen wir die Welt. Wir wissen, was auf ihr im Argen liegt. Wir retten das System, denn wir trennen unseren Müll schon länger, als es in Supermärkten Kühlregale mit Fleischsurrogaten gibt. So lecker! Habt ihr mal die neue Sorte Crunchy Beef probiert? Also, ich schmecke da keinen Unterschied.

Wegen der ganzen Arbeit kommen wir leider, leider nicht dazu, uns mal so richtig zu engagieren, aber wir gehen regelmäßig auf Demos, bestimmt ein Mal im Jahr, wenn mal wieder was Großes angesagt ist, wo wir alle unsere Freunde treffen. Da können wir hinterher schön zusammen zum Portugiesen und diskutieren, wie wir die Welt retten. Nicht so radikal wie die Letzte Generation vielleicht. Wegen denen bin ich mal nicht zum Therapeuten gekommen und musste die Sitzung trotzdem bezahlen. Nicht gerade billig, doch richtig gut. Das fehlte mir dann natürlich, da war ich eine Woche lang unausgeglichen.

Also, ich brauche eher was Umgänglicheres. Kardiologen fürs Klima, Pädagoginnen für Polarbären, Rudern gegen Rechts. Oder doch zu den Omas for Future? Aber da müssen wir uns echt noch gedulden. Bevor die Kinder sich mal vermehren, bin ich pensioniert. Und wer weiß, bis dahin haben sich vermutlich sogar die Kriebelmücken organisiert. Bei »Insects for Adenosintriphosphat« womöglich. Meinen Segen hätten sie.

Im Übrigen gehöre ich natürlich nicht zu diesem Wir. Sie etwa? Ich habe nicht einmal ein Auto. Auf der Insel mitten im Mittelmeer war's aber wirklich traumhaft. Und gegen die pusteligen Kriebelbisse hatte der Inselapotheker eine lindernde Salbe parat. Es gibt für alles eine Lösung. Man muss sich nur darum bemühen. Zeitnah wäre gut.

UBERFRESSEN UND UBERFAHREN

Volker Surmann

Gewidmet:
Getir († Mai 2024)
Gorillas († Mai 2024)

Habe ich jemals behauptet, E-Roller-Fahrer wären die schlimmste Plage auf Berliner Straßen? Ich muss mich korrigieren. Denn wenn ich eins noch mehr hasse als E-Roller ... – und SUV, rücksichtlos abbiegende Lkw und Paketdienstfahrzeuge auf Radwegen und parkende Taxis auf Fahrradspuren und fahrende Taxis, die jede Abbiegeregel missachten, und Uber-Autos auf Fahrradspuren; überhaupt: Uber-Fahrer, die ihren UberLebenskampf mit den Taxifahrenden nur dadurch bestreiten, noch rücksichtloser durch Berlin zu gurken als Berliner Taxifahrer. Braucht man als Taxifahrer*in wenigstens noch einen Taxischein, braucht man als Uber-Fahrer offensichtlich nicht mal einen Führerschein. Merke: Taxifahrer ignorieren Verkehrsregeln, Uber-Fahrer kennen sie erst gar nicht. Und wenn ich hier nicht gendere, dann ist das ganz bewusst so, denn ich habe noch nie eine Uber-Fahrerin gesehen. Aus dem einfachen Grund: Hunderte Statistiken haben bewiesen, dass Frauen besser Auto fahren als Männer, daher *dürfen* sie gar nichts ans Steuer eines Uber-Autos. Außerdem haben Frauen selten einen Vollbart, und Uber-Fahrer haben immer Vollbart, gleich welcher Nationalität und Herkunft: Vollbart. Uber-Fahrer sind so vollbärtig, dass ich glaube, Toyota liefert den Prius Hybrid serienmäßig nur mit eingebautem Vollbart aus. Und die Fahrerlaubnis wird im Barbershop ausgestellt. Aber das wollte ich eigentlich gar nicht sagen, denn wenn ich noch eins mehr hasse als Uber-Fahrer, E-Roller, rücksichtlose

Lkw, Paketdienste und Taxis ... – und fast hätte ich die E-Biker vergessen! E-Biker, die zu denken scheinen, ein Akku unterm Arsch rechtfertigt es, andere Radfahrer mit einem Sicherheitsabstand von gut zwei Zentimetern und der Geräuschlosigkeit eines meuchelnden Assassinen rechts zu überholen; Ach!, und nicht zu vergessen Miles-Autos, für die als Fahrerlaubnis offensichtlich schon eine Bordkarte von Ryan Air ausreicht –, ... was ich also noch mehr hasse als all diese Vollidioten auf zwei bis acht Rädern, dann sind es: LIEFERFAHRER! Lieferfahrer auf Fahrrädern! Nein, und auch hier muss ich nicht gendern, denn Frauen sind auf Lieferfahrrädern noch seltener zu finden als in DAX-Vorständen: Lieferdienste sind toxische Männlichkeit mit Speichen.

Mittwochabend, kurz vor acht. Ich fahre zum Sport in den Prenzlauer Berg. Also genau die Zeit, wo dem halben Prenzlauer Berg einfällt, dass Instagram doch nicht satt macht, und alle zum Smartphone greifen, wo die Lieferdienst-App schon auf der ersten Seite des Displays steht, weil es ihnen gestern schon genauso ging. Und vorgestern. Eigentlich jeden Tag. Anders ist die Lieferschwarm-Armada auf der Danziger Straße abends um acht nicht zu erklären.

Als Erstes schneidet mich ein Lieferando-Fahrer beim Überholen, er quasselt in ein Headphone, während er fährt und den nächsten Auftrag auf dem Handy checkt. All seine drei Hände sind anderweitig beschäftigt als mit Lenken. Drei Hände?! Das geht doch gar nicht! Ich weiß, aber sagt das mal dem Lieferando-Fahrer! Als Nächstes nimmt mir ein Wolt-Fahrer die Vorfahrt. Er kommt von rechts vom Gehweg, wo er gerade am Chinaimbiss zwanzig Kilo Plastikmüll, gefüllt mit Reis und Glutamat, geladen hat. Er gibt gerade die Adresse ins Navi ein. Ich sehe es aus der Vogelperspektive, da ich gerade nach meiner Vollbremsung über ihn hinwegsegle. Wolt-

Fahrer fahren immer nach Navi, aber da sie dabei meistens Musik hören, laut mitsingen oder Videotelefonate mit anderen Wolt-Fahrern führen, schauen sie eigentlich ständig auf den Bildschirm ihres Handys statt auf die Straße. Ich hasse Wolt-Fahrer. Und dann fahren immer mehr von ihnen noch diese Elektrofahrräder mit baumstammdicker Bereifung! Diese Planierraupen unter den Fahrrädern, manchmal sieht man im Profil noch einen Hundewelpen kleben. Aber wenn ich noch eins mehr hasse als Wolt-Fahrer, dann sind es Flink-Fahrer, die einen noch flinker über den Haufen radeln als alle anderen. Ich hasse sie, aber ein bisschen mehr noch hasse ich UberEats-Fahrer! UberEats – wie soll man das eigentlich übersetzen? »Überfressen«? Ja, und gegen UberFressen hilft nur AusKotzen. Der Lebensmittellieferdienst von Uber. Fahrradfahrer bei Uber. Das ist die ultimative Demütigung. Da landen die, die als Uber-Autofahrer zu schlecht waren. Wenn du in deinem Uber-Auto mehr als drei Fahrgäste zu Klump gefahren hast, kriegst du den Vollbart aberkannt und musst aufs Fahrrad. Aber wenn ich noch eins mehr hasse als UberEats-Fahrer, dann sind es Lieferando-Fahrer, aber die hatte ich schon, denn es ist eine Spirale des Hasses.

Für jedes Lieferdienst-Start-up, das wieder die Grätsche macht, mache ich einen Sekt auf. Und den kaufe ich mir selbst, zu Fuß, gegenüber im Späti. Bye, bye Gorillas! Bye, bye Getir! (Wie das schon klang, wie »Getier«, wie Ungeziefer auf zwei Rädern.) Bye, bye Foodpanda! Bye, bye Delivery Hero! Fahrt auf euren Zweirädern zur Hölle allesamt! In der Hölle braucht niemand einen Lebensmittellieferdienst. Denn in der Hölle kocht man selbst, weil alle ihr eigenes Feuer haben. Nur eine einzige Frau aus Kladow bestellt in der Hölle einmal täglich einen kleinen Salat. Und dann macht sie die Tür nicht auf. Harharhar!

Wer in Berlin Lieferfahrer ist, würde in Russland Panzer fahren. Und insofern müssen wir wohl oder übel glücklich sein, dass sie hier alle in Berlin Glutamatpampe ausfahren, denn wären sie tatsächlich russische Panzerfahrer, hätte Putin den Krieg schon lang gewonnen. Dann würde er seine Panzer himmelblau anmalen, statt dem Z fett »Wolt« draufpinseln und die Fahrer anweisen: »Diese Bestellung muss in zehn Minuten in Kiew sein.« Und zack, hätte Selenskyj den Salat, den er gar nicht bestellt hat.

Das alles denke ich so vor mich hin, als ich mich durch den abendlichen Lieferverkehr auf der Danziger Straße schlage. Andere Menschen auf Fahrrädern sehe ich nicht. Außer mir sind nur noch Lieferdienste unterwegs. Einfache Fahrradfahrer*innen trauen sich um diese Zeit nicht auf die Straße: zu gefährlich. Oder sie warten gerade alle zu Hause auf ihr bestelltes Essen. Mich überholt gerade ein Lieferradfahrer, der zwei E-Bikes auf den Rücken geschnallt hat: »BikeDonkey, CyclingDelivery Service« steht auf seinem Helm, jetzt kann man sich also schon Fahrräder per Fahrrad liefern lassen. Gerade brüllt er einen Wolt-Fahrer zusammen, der ihm die Vorfahrt genommen hat. Längst fahren sich die Lieferräder gegenseitig über den Haufen. Es soll mir recht sein.

Kaum habe ich die Eberswalder Straße überquert, haben sich vor einem Haus vier Lieferfahrräder ineinander verkeilt. Darin verteilt Essenstaschen von Lieferrädern, zerbrochene Konservengläser, Reis mit Pampe, abgetrennte Gliedmaßen. Zwei Lieferradler schreien sich gegenseitig an, einer wischt katatonisch auf einem zerbrochenen Handydisplay rum, der vierte ist bewusstlos oder tot. Vier weniger, jubiliere ich, aber wer weiß: Vielleicht hat jemand hier im Haus auch einfach vier Portionen Ratatouille bestellt.

WOHER ES KOMMT, UND WOHIN ES FÜHRT

HERBST 2024

VIENNA RAINING
Thilo Bock

Mein Optiker und ich fahren nach Wien. Zuletzt waren wir im Herbst vor fünf Jahren zusammen dort. Ich zum ersten Mal, für ihn ist Wien das bessere Berlin, seine gefühlte Heimatstadt. Damals hatten wir sonnigstes Herbstwetter, diesmal steht schon die Wettervorhersage auf Katastrophe: Kälteeinbruch und Niederschläge von 50 bis 100 Litern pro Quadratmeter.

»Nimm einen Regenschirm mit«, rät mein Optiker.

»Hast du nicht ein Schlauchboot?«, schreibe ich ihm zurück.

Bereits zwei Wochen bevor es losgeht, hat die Deutsche Bahn unseren Zug gestrichen, als wüsste sie mehr von der Zukunft als wir gewöhnlichen Fahrgäste. Zum Glück verkehren viele Züge nach Wien, wenn auch nicht direkt. Also sausen wir durch sonnige Landschaften, bis so bei Regensburg erste Regentropfen gegen die Panoramascheiben des Speisewagens schlagen.

In Wien erweisen sich unsere Regenschirme als wichtigstes Reiseaccessoire. Wie römische Legionäre früher ihre Schilde gegen den Feind gehalten haben, stemmen wir sie gegen den fast waagerecht von vorn auf uns einschlagenden Regen, den Blick stetig gen Boden gerichtet, um möglichst vielen Pfützen ausweichen zu können. Was nicht leicht ist. Mitunter stehen nur unterschiedlich tief wirkende Pfützen zur Auswahl. Und an jeder Straßenecke verfängt sich der Wind unterm Schirm und lässt ihn umschlagen.

Immerhin haben wir es nicht weit. Nach zehn Minuten Fußweg sind wir an dem Haus, wo uns der Wiener erwartet. Der Wiener ist in dieser Stadt geboren und ein alter Freund. Mittlerweile lebt er in München, ist aber immer noch einer der wienerischsten Menschen der Welt. Er hat Zeit, es niemals eilig, und vor allem hat er schon mal Bier eingekühlt.

Bis wir bei ihm sind, müssen wir allerdings noch die Fahrstuhlfahrt ins Dachgeschoss überstehen. Der Fahrstuhl ist ebenfalls ein Wiener Original. Während er uns in einem kaum messbar langsamen Tempo hinaufchauffiert, ächzt, murrt und stöhnt sein Getriebe, als sei es eine Zumutung, uns befördern zu müssen. Und das ist es ja auch, so wie wir triefen.

Meine Jeans haben an deren Saum einen blauen Rand aufs Leder meiner Schuhe gezeichnet. Aber das ist egal. Hauptsache, wir sind in Wien! Der Wiener reicht meinem Optiker und mir erste eingekühlte Biere und füllt die Tischplatte mit einer Jause: Semmeln, Würste, Schinken, scharfen Liptauer, milden Liptauer und einen in rote Folie gewickelten Klops Geheimratskäse. Der sieht aus wie ein überdimensionierter Babybel, ist genauso verpackt und im knallroten Wachskleid. Und er schmeckt sogar wie Babybel – a bisserl fad. Wir mutmaßen, dass der Käse besonders für Geheimräte geeignet ist, weil er weder für Zähne noch für die Sinne eine Herausforderung darstellt. Auch scheintote Geheimräte können ihn daher unbedenklich zu sich nehmen.

Derweil wir langsam trocknen und nur von innen volllaufen, gilt letzteres auch für den Rest von Österreich. Das ganze Land scheint unterzugehen, bloß für Wien gilt einigermaßen Entwarnung. Allerdings ist der Wienfluss zu einem reißenden Strom geworden. »Das ist sonst eher so ein mickeriges Rinnsaal«, sagt unser Wiener, als wir am nächsten Tag an seinem einbetonierten Ufer stehen. Jetzt gleicht er einem Wildwasserkanal. Trotz des unaufhörlichen Regens sind viele Wiener auf den Beinen und bestaunen wie wir das Schauspiel. Die direkt daneben gelegene U-Bahn-Trasse ist mit Spundwänden abgesichert, damit im Fall der Fälle kein Wasser ins Tunnelsystem geraten kann. Deswegen fahren viele Linien gar nicht oder nur auf Teilstrecken.

Die Wiener nehmen's gelassen. Man steht dicht gedrängt auf den Bahnsteigen und keiner macht einen Mucks, wenn die Anzeige für den nächsten Zug von zwei Minuten auf zehn umspringt. Man mag sich nicht das Gemotze vorstellen, das in Berlin den Bahnhof mit einer disharmonischen Mischung aus Selbstmitleid und Hass gefüllt hätte.

Als dann doch ein voller Zug einrollt, steigen zunächst alle ganz seelenruhig aus, bevor es ans Entern der Wagons geht. Und auch das ist erstaunlich. Auf den Anzeigen steht nämlich: Bitte nicht einsteigen! Die Wiener tun's trotzdem. Und keine schnarrende Ansage aus den Lautsprechern will sie daran hindern. Kein: »Ach, Buam, geht's! Bleibt's doch draußen.« Und erst Recht kein patziges »Mit dem Geheimratskäse nicht in den ersten Wagen!«.

Als der Bahnsteig leer und der Zug voll ist, fährt er einfach los. Wieder 790 Autos weniger auf Wiens Straßen. Denn damit werben die Wiener Linien, wie hier die BVG heißt: »In einen Wiener U-Bahn-Zug passen 900 Menschen. Sie würden 790 Autos brauchen, um ihr Ziel zu erreichen.«

Einen Vorteil hat das schlechte Wetter. Im sonst von Touristengruppen überlaufenen Ersten Bezirk Wiens ist viel Platz. Man muss nur aufpassen, in keine Pfütze zu treten und auch nicht über eine der Regenschirmleichen zu stolpern, die zahlreich auf dem Pflaster liegen. Die Nässe hat sich mittlerweile von Starkregen zu einem starken Sprühregen gewandelt, was vor allem für Brillenträger kein wirklicher Vorteil ist. Mein Optiker empfiehlt, das nächste Museum zu besuchen.

Im Keller der *Albertina Modern* gibt es eine Schau mit Zeichnungen Alfred Kubins, der zu Beginn des 20. Jahrhunderts beeindruckende Darstellung von Albträumen, Tod und Verderben geschaffen hat. Das passt doch gut zur derzeitigen Untergangsstimmung. Also zu Wien generell.

Kaum haben wir den ersten Ausstellungsraum betreten, ertönt eine Sirene. Vor die gläserne Eingangtür schieben sich unter Alarmgetöse mehrere massive Wände. Auch hier wieder größte Gelassenheit, erst recht beim Aufsichtspersonal. Menschen, die eigentlich hinauswollen, zucken mit den Schultern, als ihnen erklärt wird, dass gerade Alarm sei. Man wisse nicht, was los sei. Ein Feuer vielleicht.

Na, dann ...

Wer weiß, womöglich müssen wir Stunden oder Tage in diesem Keller ausharren, an den Wänden Abbildungen von gefolterten, ausgeweideten, geschundenen Menschen. »Mehr Wien kriegt's ihr heuer nicht«, sagt der Wiener in seiner gefassten Art, die stets zwischen Langeweile und Langsamkeit zu changieren scheint, und grinst.

»Könnte uns das Hochwasser hier drin erreichen?«, fragt mein Optiker.

»Scho möglich«, sagt ein neben uns stehender Aufpasser. Aber eigentlich sei alles gut abgedichtet. So bleibe gewiss alles trocken. »Irgendwann geht uns halt die Luft aus.« Ich schaue auf das Bild eines angesichts eines aus hoher Welle ragenden Totenschädels kenternden Schiffes. Allmählich setzt mir die nicht aufhören wollende Sirene doch zu.

So plötzlich sie angefangen hat, verstummt sie wieder. Eine Aufseherin geht durch die Ausstellungsräume und entschuldigt sich bei allen vielmals für die Unannehmlichkeiten. Eine verstärkte Rauchentwicklung im Bereich der Cafeteria sei wohl für den Alarm verantwortlich gewesen.

Als wir später die Museumscafeteria besuchen, entpuppt sich diese aus einigen wenigen Tischen und zwei Automaten:

einen für Kalt- und einen für Heißgetränke. Einen Kaffee könnten wir jetzt alle vertragen, wollen aber nicht riskieren, durch erneute Rauchentwicklung am Verlassen des Museums gehindert zu werden. Der Regen hat nämlich tatsächlich aufgehört. Nur die Straßen sind sehr nass, die Rinnsteinen voll abfließendem Wasser.

Mein Optiker zieht ein großes orangefarbenes Paket aus seinem Rucksack.

»Was hast du da?«

»Du hast doch gesagt, ich soll mein Schlauchboot mitbringen.«

»Ach geht's«, sagt der Wiener. »So miserabel ist das Wetter nun auch wieder nicht.«

»Stimmt«, sage ich. »Windig und nasskalt. Genau das perfekte Urlaubswetter! Wenn man gern an die Nordsee fährt.«

SIND ANTISEMITISTEN ANWESEND?

Heiko Werning

Der Antisemitismus muss auf die Liste der gefährdeten Weltkulturgüter. Nachdem er jahrhundertelang ein verlässliches, generationenübergreifendes und identitätsstiftendes Gemeinschaftserlebnis war, hat er sich nach 1945 schlagartig in Luft aufgelöst. Selbst kruppstahlharte Nazis versicherten heute, sie hätten nichts gegen Juden, nur sollen die doch bitteschön alle nach Israel gehen. Während umgekehrt sogar die iranischen Oberbartträger beteuerten, dass sie Juden ein langes und glückliches Leben wünschen, nur bitte nicht ausgerechnet in Israel. Oder überhaupt irgendwo, wo sie sie sehen müssten.

Selbst die Person, die in Zeitz in manischer Akribie Stolpersteine aus der Straße gerupft hat, wird sicherlich nichts gegen Juden haben, sondern nur dagegen, dass die halt die Ostdeutschen über Corona-Impfungen an Bill Gates verkauft haben, und vielleicht wird sie noch Verkehrssicherheitsbedenken geltend machen, weil diese glänzenden Dinger die Aufmerksamkeit der Passanten ablenken und so zu Unfällen führen. Stolpersteine eben. Heißen ja schon so.

Auch die propalästinensisch genannten, obschon nie für das Wohl der Palästinenser, also gegen die Schreckensherrschaft der Hamas, demonstrierenden Menschen, die zum Jahrestag des 7. Oktober auf die Straße gingen, sind gewiss keine Antisemiten. Weshalb sie zielsicher eben dieses Datum, den Tag des größten Massakers an Juden seit dem Holocaust, für ihre Kundgebungen ausgewählt haben. Denn das hatten die

Juden ja nun mal selbst zu verantworten mit ihrer penetranten Marotte, irgendwo wohnen und sich dabei nicht beständig von Raketen beschießen oder umbringen lassen zu wollen, weshalb man sie eben vor sich selbst schützen muss.

Kurz: Im Gegensatz zur Antisemitismuskeule, die in Deutschland verbreiteter ist als Wasserpistole und Kartoffelschälmesser, ist der Antisemitismus nur noch eine Wahnvorstellung der Juden. Hat vermutlich mit ihrem Reichtum zu tun und mit den ganzen Geheimbünden, in denen sie aktiv sind. Da wird man schnell mal paranoid.

Aber das hat auch sein Gutes: So durfte ich bei der Buchpremiere der von mir initiierten und mitherausgegebenen Anthologie »Sind Antisemitisten anwesend?« erstmals Texte im Schutz einer eigens beauftragten Security vorlesen. Da kommt man sich gleich viel bedeutsamer vor. Die Herren wachten aufmerksam hinter dem Vorhang des Theaters darüber, ob nicht einer der zahlreichen Judenfreunde des Landes die Bühne stürmt, um uns lautstark davon zu überzeugen, dass selbstverständlich nirgendwo Antisemitisten anwesend sind. So wie es ja auch kein jüdisches Café ohne Polizeischutz gibt, weil man stets damit rechnen muss, dass jemand mit Verbesserungsvorschlägen für koschere Rezepte in die Küche kommt – irgendwas mit blauen Bohnen vielleicht.

Bei der Lesung ist dann aber gar nichts passiert, außer dass wir kaum Honorar bekommen haben, weil die Security so teuer war und selbstverständlich von den Verursachern des Ärgers bezahlt werden muss, also uns Satirikern, die ausgerechnet Witze über Antisemitismus machen. Aber das macht nichts. Die Weisen von Zion werden es uns großzügig vergelten.

FLUCHT

Frank Sorge

Jetzt, als wieder Tag der Einheit war, musste ich plötzlich daran denken, dass meine Mutter ein Flüchtling gewesen ist. Ein Republikflüchtling, ein Mauerflüchtling. Ganz frisch war sie gebaut worden, die vermaledeite Mauer, und trennte nicht nur Berlin und das Land, sie trennte auch meine mütterliche Familie, weit vor meiner Zeit. Mein Urgroßvater hatte um die Jahrhundertwende, also die vorletzte, schon seine Heimatstadt in der Uckermark verlassen, um nach Berlin zu gehen. Der Legende nach arbeitete er bei einem jüdischen Delikatessenhändler ohne Erben, der ihn gerne gehalten hätte, damit er den Laden übernimmt. Aber nichts ist mir darüber bekannt, warum es nicht dazu kam und wann sich mein Urgroßvater entschloss, wieder zurück in die Uckermark zu gehen. Vor dem Ersten Weltkrieg oder währenddessen, ich werde es vermutlich nicht rekonstruieren können.

Als die DDR gegründet wurde, lebten meine Urgroßeltern noch, meine Großmutter pflegte sie bis zu deren Ableben kurz nach Grenzschließung und Mauerbau. Die drei Geschwister meiner Großmutter lebten länger schon in West-Berlin, und die Mauer verhinderte die Zusammenführung, meiner Großmutter und ihrer kleinen Tochter blieb nur die Aussicht, in der Uckermark zu bleiben. Sie war geschieden, das hatte die DDR immerhin vielleicht etwas einfacher möglich gemacht als der Westen, aber ihr Ex-Mann lungerte wohl auch noch in der Kleinstadt herum. Ich glaube nicht, dass meine Großmutter noch sehr an ihrer Heimatstadt gehangen hat, als die Eltern tot waren. Natürlich wollte sie nach Berlin zu ihren Geschwistern, und ein gut mit Amerikanern vernetzter Sohn ihrer Schwester konnte helfen.

Die Flucht wurde lange geplant, sie involvierte gefälschte Pässe mit nachgemachten Tagesstempeln, eine Nacht in Ost-Berlin bei einem Bekannten, der ahnungslos war, bis zum eigentlichen Grenzübertritt. Da meine Großmutter trotz eigentlich festem Nervenkostüm vor Angst zitterte, bekam sie von den Fluchthelfern hilfreiche Medikamente. Mit ihrer zwölfjährigen Tochter an der Hand, die mir nie erzählen konnte, ob sie überhaupt etwas empfand oder sich an etwas erinnern konnte von ihrem Innenleben bei diesem Übertritt, trat sie also an die Grenze, berauscht von den Drogen, und versuchte als ihre eigene Schwester, die ja West-Berlinerin war, eine überzeugende Rückkehr von einem kurzen Ausflug in den Osten zu simulieren. Das Zeug muss so geknallt haben, ihren Erzählungen nach, dass sie sogar anfing, mit den Grenzbeamten zu schäkern, und wer weiß, vielleicht war es das Sahnehäubchen auf der Inszenierung und lenkte von anderen Dingen ab.

Zum Beispiel davon, dass sie mehrere Lagen Kleidung trugen, Mutter und Tochter, Bluse über Bluse unter Pullover. Dass sie Dinge in diesen Kleiderlagen versteckten, einzelne Dokumente, den ultimativ letzten Rest persönlicher Habseligkeiten. Alles sonst war in der Uckermark geblieben, der Hausstand, die alten Fotos, die Familienbücher, es blieb ihnen nichts als das, was gerade noch für einen Tagesausflügler glaubhaft war.

Irgendetwas hätten die Grenzbeamten ihr sogar noch hinterhergerufen, erzählte sie dann, aber was, hätte sie nicht mehr wahrnehmen können, denn da war nur noch Erleichterung, durch zu sein, und Angst, auf den letzten Metern doch noch gefasst, mit dem Rücken zur Mauer zurückgerufen zu werden, die festen Griffe an den Schultern zu spüren, die Handschellen, die Tochter aus den Händen gerissen, ins Waisenheim, sie ins Gefängnis. Zum Glück nicht bei ihnen, nicht an diesem Tag.

Sie kamen in das Notaufnahmelager Marienfelde, und baten um einen neuen Pass, den von West-Berlin. Sie zogen zu Schwester und Bruder nach Neukölln. Meine Mutter kam dort auf eine Schule und sollte russische Lieder vorsingen, weil sie doch aus der Zone kam.

Nach der Wende wollten sie beide keine Stasi-Unterlagen sehen, um nicht im Nachhinein zu wissen, wer von den Nachbarn was erzählt hatte und was noch unternommen wurde, um sie aufzuspüren. Erzählt wurde ihr nur, eine Weile nach der Flucht, dass man den gesamten Hausstand durchsucht hatte, die wertvollen Dinge eingesteckt worden sind und der Rest im Hof vor der Wohnung verbrannt wurde. Darunter auch alle Aufzeichnungen, die mir jemals hätten Auskunft geben können, wann zum Beispiel mein Urgroßvater in Berlin gewesen ist.

Bei einer Nachbarin saßen wir mal, eine Straße weiter von der alten Wohnung, aber das Uckermärker Platt, das sie und meine Großmutter auspackten, erschien mir fast wie eine Fremdsprache.

Nicht jedes Mal, wenn ich etwas über Flüchtlinge lese, denke ich an meine Mutter. Vielleicht sollte es häufiger sein, gerade weil sie nicht dunkelhäutig war, nicht aus einem arabischen Land kam. Als Erinnerung daran, wenn der Gedanke naht, mit dem Thema hätte ich ja nichts zu tun.

ARBEITSZEUGNIS

Robert Rescue

Herr Robert Rescue, geboren am 15.01.1969 vermutlich in der Hölle oder irgendeinem traurigen Ort auf dieser Welt, war vom 01.05.2019 bis zum 31.10.2024 als Honorarkraft bei der Firma Na ja&billig beschäftigt. »Beschäftigt« trifft es nicht wirklich, »anwesend« in körperlicher Form, jedoch ohne nennenswerte Aktivität, trifft es eher.

Die Firma Na ja&billig ist tätig im Bereich Unterhaltungselektronik und vertreibt Kram und Nippes als Fachhändler in Deutschland und Europa.

Herr Rescue war hauptsächlich für folgende Tätigkeiten verantwortlich:

- *Auftragsbearbeitung Online-Plattformen*
- *Kundensupport* (wenn er mal dazu kam, also nie)
- *Marketingtätigkeiten Social Media* (auch nie; wir hatten zwar vereinbart, dass er regelmäßig Werbepostings auf Facebook und Instagram absetzt, aber schon bald nach seiner »Arbeitsaufnahme« erklärte er, dort nicht mehr sein zu wollen und überhaupt soziale Plattformen in ihrer Gesamtheit als »Verblödungsinstrumente« abzulehnen. Ich muss ihm ja persönlich zustimmen, aber aus unternehmerischer Sicht hätte ich die zusätzliche Werbemöglichkeit gut gebrauchen können.)

In der Zeit seiner »Beschäftigung« hat Herr Rescue gezeigt, dass er eine Niete ist, die in keinem der oben genannten Aufgabenbereiche irgendetwas zustande gebracht hat. Ich hätte nie gedacht, dass ich einem Menschen jemals Derartiges vorwerfen würde, aber das Verfassen dieses Arbeitszeugnis nötigt mich, die Persönlichkeit und das Wirken von Herrn Rescue nochmals zu reflektieren, und daher ist obige Beschreibung rein und wahr. Ich glaube inzwischen, hätte ich die Stelle unbesetzt gelassen, wäre es für die Firma ein Gewinn gewesen. Zugegeben, diese Aussage macht unter normalen Umständen betrachtet wenig Sinn, aber wenn Sie Herrn Rescue beim Arbeiten erleben, werden Sie verstehen, was ich meine. In diesem Zusammenhang muss auch die Begrifflichkeit »langsame Erwerbstätigkeit« erfunden werden. An manchen Tagen schaffte Herr Rescue es, sich innerhalb von fünf Arbeitsstunden an den Schreibtisch zu setzen, den Computer anzuschalten, das Mailprogramm aufzurufen und eine Nachricht zu lesen und dann allen Ernstes zu behaupten, er hätte jetzt ein Burn-out und müsse nach Hause gehen. Ich hatte manchmal überlegt, einen aus der Generation Z einzustellen. Keine Ahnung, was die alle für Zipperlein haben, aber er/sie/es oder sonst wie divers wäre mit Sicherheit leistungsfähiger gewesen als Herr Rescue.

Den einzigen Elan zeigte er darin, bei der Auftragsbearbeitung die Kunden anzuschreiben.

Meist schickte er ihnen selbst verfasste Gedichte, was häufig zur Stornierung der Käufe führte. Die Kunden sind es gewohnt, auf Lieferprobleme hingewiesen oder auf den Sankt-Nimmerleins-Tag vertröstet zu werden oder überhaupt keine Antwort zu erhalten, aber selbst verfasste Gedichte, das ging zu weit. Der Service einer Firma sollte entweder gut oder schlecht sein, aber nicht verstörend. Die durchschnittliche Google-Sterne-Bewertung meiner Firma sank in den fünf Jahren von 4,3 auf 1,7, und alle 7.299 Rezensionen bezogen sich auf ihn beziehungsweise auf die Qualität der Gedichte.

An den Tagen, an denen er im Büro anwesend war, hatten

wir zudem durchschnittlich 30 Prozent weniger Bestellungen auf eBay und Amazon. Anfangs haben wir gedacht, da kann es keine Verbindung geben, aber der eine Kollege hat sich die Mühe gemacht, die Anwesenheitstage von Herrn Rescue mit der Zahl der Bestellungen in einem Zeitraum von drei Jahren gegenüberzustellen, und dabei kam obige Aussage heraus. Ich vermute, dass es so eine Art Kollektivbewusstsein aller Menschen gibt. An den Tagen, wo Herr Rescue im Büro war, haben sich dann viele gedacht, dass sie heute keine beleuchteten Hodenwärmer oder falsch justierte Nagelknipser kaufen wollen, sondern erst morgen oder irgendwann nächste Woche.

Herr Rescue beendet seine Tätigkeit zum 31.10.2024, da die Firma Berlin verlässt. Ich hatte die Befürchtung, dass er erklären würde, mitzukommen, aber er behauptete, er wolle am neuen Standort »nicht tot über dem Zaun hängen«.

Ich habe den Umzug der Firma offiziell damit begründet, dass ich aus Berlin weg möchte, weil mir die Anonymität der Gesellschaft, das Chaos der Verwaltung, die Unverschämtheit der Bürger zu viel geworden sind, aber als ich das erste Mal in meinem neuen Büro saß und realisierte, dass mich von Robert Rescue 500 Kilometer trennen, wurde mir klar, dass er allein der Grund gewesen ist.

Bitte rufen Sie mich nicht an, um mehr über ihn zu erfahren. Ich werde jetzt alle Kraft benötigen, um ihn zu vergessen, und das wird eine Weile dauern. Ein Anruf könnte mich zurückwerfen.

Ich wünsche Herrn Rescue eine Zukunft.

Berlin, 31.10.2024
Hans-Gerd Schmölze
Geschäftsführer Na ja&billig

REGELRECHTER FLEISCHRAUSCH

Volker Surmann

Kommunalpolitik brachial. Wenn die AfD durchregiert: Eine Gemeinde in Sachsen verbietet nicht nur Gendern und Wokeness, seit Kurzem ist auch vegane Ernährung in der Öffentlichkeit strikt untersagt. Ein Besuch im Paradies für karnivore Deutschländer.

Fast versäumen wir auszusteigen, denn der Zugbegleiter macht seine Durchsage in breitestem Sächsisch: »Näschsdor Hald: Groddnbachschledbärsch!« Immerhin, der Ort hat einen Bahnanschluss. Noch, denn die Regionalbahn 6897-533 b von Annaberg-Buchholz nach Schüttelbrunn-Soxenklamm, in der Bevölkerung liebevoll »Fliegendes Räuchermännchen« genannt, soll eingestellt werden, wenn es nach dem Willen des Landkreises Erzgebirge-Hinterberg geht. »Mior brauchn diese grüne Vorgehrsscheiße nich!«, so Landrat Herrmann Stumpfe (AfD). »Hier bei uns had mor ä Audo. Wer gee Audo hat, der gann ja gehn.« Und das stimmt – in jeder erdenklichen Hinsicht. Die letzten Sozialdemokraten haben den Landkreis vor Monaten verlassen. Die letzte Grüne in Krottenbach-Schlettberg kam bei einem Wohnungsbrand ums Leben, ausgerechnet in der Walpurgisnacht. Die Staatsanwaltschaft Hinterberg stellte ihre Ermittlungen ein: Die Dame sei an Brauchtum verstorben, so der leitende Staatsanwalt Thorvald Hammerschlag (Freie Sachsen), an Walpurgis käme es immer mal zu spontanen Selbstentzündungen bei Frauen, das wisse hier jedes Kind.

Man spricht sächsisch im Dorf, sogar einen seltenen Regiolekt, den »Sauschwemmer Zungenschlag« – es könnte auch ein Gericht der Erzgebirgsküche sein.

Wir laufen durch den Ort, der so malerisch ist wie viele Dörfer umgeben von Landschaft: adrett sanierte Altbauten, Fachwerk, Geranienkästen, die auch jetzt im Herbst noch blühen. Hübsch, denken wir und wissen doch, dass die AfD hier bei der sächsischen Kommunalwahl 2022 stärkste Kraft wurde und zusammen mit weiteren Rechten im Gemeinderat die Mehrheit stellt. Bei der Landtagswahl am 1. September erreichte die AfD hier 44 Prozent, gefolgt von BSW (19 %), CDU (10 %) und Freien Wählern (5 %), den Rest teilen sich rechte Splitterparteien wie Freie Sachsen, NPD und Deutlich Deutsche Republikaner (DDR).

Der Umbau der Dorfgemeinschaft läuft seither. Die Leitung des örtlichen Jugendclubs *Bunte Grube* wurde dem Schießsportverein *Adlerschrot e.V.* übergeben, Schüler »mit woken Haarfarben« werden nicht mehr staatlich beschult, öffentliches »Zurschaustellen von Homosexualität oder anderen Perversionen (sog. ›Queerness‹)« sind bußgeldbewährte Ordnungswidrigkeiten. Die einzige E-Ladesäule im Ort haben Mitglieder der Jungen Alternative in einer Nacht- und Nebelaktion herausgerissen. Ein kleines Holzkreuz erinnert an »Rocko Blaum, unsern Märtürer«, der mit einer Rosenschere das Anschlusskabel durchtrennte. Der Verlust der Ladesäule war indes verschmerzbar, da die Besitzerin des einzigen E-Autos im Ort an Walpurgis verstorben ist. Regenbogenflaggen sind im Ort ebenso untersagt wie »gendergerechte Sprache im kommunalen Dienstgebrauch«.

»Un damid sinn die bei uns im Dorf gemeent, die bei uns sprechen ... duhn«, interpretiert Polizeiobermeister Meik Grubow die Anordnung, die er, wie er stolz berichtet, selbst mit beschlossen hat.

»Und das gilt überall? Draußen wie drinnen?«

»Habsch da grade ä ›-innen‹ gehört?« Grabow greift nach seiner Dienstwaffe.

Wir begleiten den Wachtmeister in die *Feinbäckerei Schönfließer*, zur »Gondrolle«. Die Bäckereifachverkäuferin erbleicht, als wir, begleitet von altmodischer Türklingel und Staatsgewalt, eintreten. Wir betrachten die Auslagen: Es gibt Zwiebelbrötchen mit Speck. Kaiserbrötchen mit Schinkenwürfeln, Käsebrötchen. Sämtliche Backwaren sind entweder mit Speck, Gouda oder Eigelb überzogen. »Wassn das da?« POM Grubow zeigt auf ein Hörnchen. »Sch ... Sche ...«, zittert die Bäckereifachverkäuferin. »Schelandineglasur ... vom Schwein.«

Dies ist nämlich der neueste Beschluss des Krottenbach-Schlettberger Gemeinderates: Vegane Produkte dürfen im Ort nicht mehr feilgeboten werden. Doch in ihrem karnivoren Wahn übersah die AfD ein Detail. »Ein normales Brötchen oder ein Sauerteigbrot waren immer schon 100 Prozent vegan«, erläutert Bäckermeister Henri Schönfließer. »Das dürfen wir nun nicht mehr anbieten.« Der Bäcker musste jahrhundertealte Rezepturen ändern. Anfangs verkaufte er Brot und Brötchen nach traditioneller Art noch unter dem Ladentisch. Doch nach drei Anzeigen und hohen Bußgeldern stand seine Bäckerei vor der amtlichen Schließung wegen »Schwarzveganerei« und »Gefährdung der Volksgesundheit«. Schönfließer erfand daraufhin das »Krottenbacher Honigbreedschn«, den »Schlettberger Käsestuten« oder das Rosinenbrötchen mit karamellisiertem Speck. Eine Käsestange mit eingebackener Thüringer Rostbratwurst verkauft Schönfließer als »Volksseele«.

POM Grubow testet das Hörnchen, dessen Oberfläche durch den Gelantineüberzug hörbar knistert. »Gud, das lassisch noch ma durschgähn«, zischt er und verlässt die Bäckerei.

Auch Heißgetränke gibt es: »Aber nur mit Kuhmilch!« Schwarzer Filterkaffee wird hingegen mit destilliertem Wurstwasser gebrüht. »Ich würd den aber nicht trinken.«

»Und? Finden Sie das gut?«, fragen wir Schönfließer. »Kein Kommentar«, sagt er und deutet auf POM Grubow, der sich an der Schaufensterscheibe gerade das Ohr plattdrückt. Erst später recherchieren wir, dass neben Grubow auch Schönfließer im Gemeinderat sitzt, Ersterer für die NPD, Letzterer fürs »linke Pack« (Grubow über die CDU).

Zum Abschluss kehren wir beim *Toten Bären* ein, Krottenbach-Schlettbergs einzigem Gasthaus. Die Karte liest sich erwartungsgemäß fleischlastig bis in die Beilagen: »Eisbein mit Wurstsalat und gebratenen Speckkartoffeln«, »Schnitzel Wiener Art auf warmem Kartoffelsalat mit Hühnermägen«. »Butterzander mit gebratenem Ziegenkäse an Erbsenhirnpüree«. Sogar eine vegetarische Speise findet sich im Menü: »Großer saisonaler Gartensalat, im Feuertopf mit Käse überbacken«.

Bald darauf stehen unsere Bestellungen auf dem Tisch. Das Fleisch ist solide zubereitet, der überbackene Salat jedoch ein ungenießbarer Kompost mit Käse. In unserem Mineralwasser klirren tiefgefrorene Markknochen als Eiswürfelersatz. Auch im Rotwein schwimmt ein Eiswürfel. Als wir ihn mit dem Teelöffel herausfischen, leuchtet er blutrot. »Trinken Sie lieber schnell«, flüstert die Bedienung leise, »bevor sich der Blutwürfel auflöst. Oder nehmen Sie Bier!« Denn als dem Gemeinderat klar wurde, dass ein Gebräu aus Hopfen und Gerstenmalz auch unter das Veganverbot fiele, ordnete das Gesundheitsamt an, dass Hefepilze in Krottenbach-Schlettberg als Kleintiere anzusehen sind.

»Nur mal angenommen, theoretisch, was kriegte man als Veganer*in ...«, fragen wir unvorsichtigerweise und retten uns, als sich die Augenbrauen des Wirtes wütend zusammenziehen: »als Veganer ... in diesem Lokal?«

»Keile«, knurrt der Wirt und knallt unser Bier auf den Tisch. »Nehmt ihr sonst noch was?«

Ja. Reißaus.

MIAU

Thilo Bock

Sie hat keine Kinder, sie hat eine Katze. Und ich habe eine Katzenhaarallergie. Super Kombination. Bei ihrer Anwesenheit bekomme ich Glücksgefühle. Bei Anwesenheit von Katzen bekomme ich Asthma. Passt ja! Auch sie ist atemberaubend. Solange wir in der Bar sitzen und sie bloß von ihrer Katze erzählt, ist alles gut. Sogar mehr als gut. Mit dieser Art von Atemlosigkeit komme ich bestens klar. Und von meiner Allergie sage ich lieber nichts. Nicht dass sie noch denkt, ich würde mich zwischen sie und ihren Kater stellen. Den hat sie seit 16 Jahren. Ihre längste Beziehung, sagt sie.

Meine längste Beziehung dauerte 16½ Jahre. Und die ist vorbei. Also fing ich gerne was Neues an. Das soll nicht an einer Katze scheitern. Notfalls schlucke ich halt Tabletten. Besser noch ist es, zu mir zu gehen. Ich habe sogar aufgeräumt. Seitdem ich sie kenne, habe ich jeden Tag aufgeräumt, weil ich ja nie wissen konnte, *wann* wir zu mir gehen.

Als es dann so weit ist, interessiert sie der Zustand meiner Wohnung nicht im Geringsten. Das spricht durchaus für mich. Wir kommen überhaupt nicht mehr voneinander los. Das könnte Tage so gehen. Würde sie nicht mit einem Mal auf die Uhr gucken. Ihr Kater sei seit 24 Stunden allein. »Hoffentlich hat er wenigstens noch Wasser«, sagt sie. Sie müsse langsam mal heim.

Wohl weil ich enttäuscht gucke, schlägt sie mir vor, sie zu begleiten. »Dann lernst du gleich Shadow kennen.«

Sie hat eine Katze und ist alleinstehend. Jetzt ist sie zwar nicht mehr alleinstehend, eine Katze hat sie trotzdem. Sie ist und bleibt eine Katzenfrau. War da nicht was? Mythos Katzenfrau. Katzenfrauen brauchen keinen sie unterdrückenden Mann. Statt sich um seine Wäsche zu kümmern, brauen sie lieber Tränke zusammen und fliegen nachts auf einem Besen zum Brocken. Eine besonders berühmte bekennende Katzenfrau ist Taylor Swift. Niemand weiß, warum ihre Songs millionenfach angehört werden. Wobei, ich ahne, warum. Die Millionen suchen darin noch immer nach einer eingängigen Melodie. Wenn das mal keine Hexerei ist!

Meine kleine Hexe ist nicht länger alleinstehend, hat aber eine Katze. Und ich habe eine Katzenhaarallergie, jedoch Tabletten dagegen. Die schlucke ich erst, als ich nicht mehr ignorieren kann, dass sich meine Lungenflügel so anfühlen, als würde sie wer auswringen wollen. Also muss ich in meinen Rucksack greifen und die Pillenschachtel öffnen. Das irritiert meine Katzenfrau. Interessiert guckt sie mir bei der Tabletteneinnahme zu.

»Was wird das?« Sie grinst. »Viagra? War doch vorhin nicht nötig.«

»Schatz, ich bin halt nicht mehr der Jüngste. Trotzdem, das sind Antikatzenpillen.«

»Antikatzenpillen? Wehe, du tust Shadow was an!«

Ich huste. »Wenn, dann tut er *mir* was an. Das ist ein Antiallergikum.«

»Ich hab's gewusst!«

»Was hast du gewusst?«

»Dass was ist mit dir und Katzen. Du hast kaum reagiert, wenn ich von ihm erzählt habe. Dachte schon, du bist so ein J-D-Vance-Typ.«

»J D Vance? Was hat der Taschenträger von Donald Trump mit meiner Allergie zu tun?«

»Haste nicht mitgekriegt, das mit den Katzenfrauen? Weil sie kinderlos sind, gefährden sie den Fortbestand des amerikanischen Volkes.«

»Dann sollten Vance und Konsorten doch froh sein, dass die Immigranten den Katzenfrauen ihre Katzen wegfuttern.«

»Katzen auch?« Sie sieht mich entsetzt an. »Ich dachte, die essen Hunde.«

»Katzen, Hunde, Hamster ... Der Trump ist da nicht so wählerisch.«

»Ach, auch Trump isst Haustiere?«

»Na, schau ihn dir mal an!«, sage ich. »Der stopft bestimmt alles in sich rein – mit ordentlich Ketchup drauf. Oder Desinfektionsmittel.«

In diesem Moment springt Shadow auf meine Oberschenkel.

»Guck, er mag dich!«

»Weil er mir seine Krallen ins Bein bohrt?«

»Ja ja, ich müsste mal seine Krallen kürzen. Aber das mag er nicht. Und wenn er was nicht mag, fällt's mir schwer, es doch zu tun.«

»Vielleicht ist das das Problem«, sage ich. »Katzenfrauen nehmen ihre Katzen wichtiger als ihre Mitmenschen, besonders Männer.«

»Dieser Vance meint, kinderlose Frauen mit Katze, und Kamala Harris scheint eine davon zu sein, wären mit ihrem eigenen Leben und den Entscheidungen, die sie getroffen haben, unglücklich. Und daher würden sie auch den Rest des Landes unglücklich machen wollen.«

»Aha!«, sage ich. »Und was ist mit Catwoman? Eine reine Heldin! Eine Kämpferin fürs Gute!«

»Catwoman? Die Freundin von Batman? Eine Frau im Katzenkostüm, die einen Typen liebt, der sich als Fledermaus verkleidet?« Meine Katzenfrau schüttelt den Kopf. »Eine Hoffnungsträgerin stelle ich mir anders vor.«

»Immerhin hat sie ein Kind. Von Batman!«

»Tatsächlich? Was aus dem wohl mal wird? Muss das auch Kostüm tragen? So als Bad Cat?«

»Keine Ahnung«, sage ich. »Aber wenn ich TikTok gucke, ahne ich, dass Kinder von Cosplayern eh unsere Zukunft bestimmen werden. Und alle müssen schrille Kostüme tragen. Die ganze Gesellschaft ein Mangacomic. Anders als durch Eskapismus ist die Welt doch schon lange nicht mehr zu ertragen.«

Sie zieht die Nase kraus. »Du bist bei TikTok?«

»Ich doch nicht! Man muss ja nicht bei TikTok sein, um zu wissen, wie sehr diese Verschnipselung unserer Jugend schadet. Die haben die Aufmerksamkeitsspanne einer Fruchtfliege.«

»Wann hast du denn das letzte Mal einen Jugendlichen getroffen? Vorurteilsmäßig bist du nicht viel besser als J D Vance.«

»Du meinst, man muss gar keine Katzenfrau kennen, um ihre Krallen zu spüren?«

»Genau so!«, sagt sie, schiebt Shadow von meinem Schoß und beugt sich über mich. »Wirken deine Pillen jetzt?«

Später schaffen wir es bis in ihr Schlafzimmer und schließen dessen Tür, um meine Atemlosigkeit besser in Griff zu kriegen.

Mitten in der Nacht wache ich auf. Da schreit doch ein Kind! *Hallo, hallo!* Das klingt sehr erbärmlich. Sanft wecke ich die in meinen Armen liegende Katzenfrau. »Hörst du das?«

»Ist ja nicht zu überhören«, murrt sie verschlafen.

»Da müssen wir doch die Polizei rufen!«

»Weil Shadow motzt, dass wir ihn nicht ins Schlafzimmer lassen? Ruf doch gleich Catwoman!«

»*Das* ist dein Kater?«

»Ja! Normalerweise schläft er bei mir im Bett.«

»Und ist jetzt eifersüchtig auf mich?«

»Nein, er mag dich doch!«

»Er hat mir vorhin seine Krallen ins Bein geschlagen!«

»Quasi eine Freundschaftsanfrage. Außerdem bin ich es ja, die sie ihm nicht geschnitten hat.«

»Weil du ihm nicht wehtun magst.«

»Ich bin halt eine Katzenfrau.« Sie schmiegt sich an mich. Das fühlt sich gut an. Sehr gut sogar. Würde es nur hinter der Tür nicht so jammern, als stünden sämtliche Tierschützerinnen der Welt im Flur, um zu beklagen, dass ich einer Katze den Schlafplatz wegnehme.

Sie hat keine Kinder, sie hat eine Katze. Und ich habe eine Katzenhaarallergie, jedoch Pillen, die so gut wirken, dass ich nach wenigen Tagen und der Einnahme einer ganzen Schachtel auch ohne Tabletten frei atmen kann. Der Kater schläft inzwischen am liebsten auf meinen Füßen. Ich traue mich dann nicht, sie zu bewegen, obwohl ich in dieser Position gar nicht mal so gut schlafen kann.

Aber will ich überhaupt schlafen? In meinen Armen liegt schließlich meine geliebte Katzenfrau, der ich gerne beim Schlafen zuschaue. Und auch wenn der Kater schnarcht, bin ich froh, Mann einer Katzenfrau zu sein und kein bisschen alleinstehend.

STAATSBESUCH

Heiko Werning

»Aufgrund eines Staatsbesuchs verkehrt die Ringbahn derzeit nur im 20-Minuten-Takt«, verkündet die Durchsage am Bahnsteig, auf dem sich die ungeduldigen Passagiere dicht gedrängt mitten im Berufsverkehr auf dem Rückweg von der Arbeit gegenseitig auf den Füßen stehen. Ach ja, da war ja was: der ukrainische Präsident ist zu Besuch. »Kommt der Selenskyj etwa mit der S-Bahn, oder was?«, ruft einer der Wartenden. Und in der Tat: So ganz leuchtet mir der Zusammenhang zwischen Staatsbesuch und S-Bahn-Taktung auch nicht ein. Zumal auch die ICEs nicht am Hauptbahnhof halten, sondern bis zum Ostbahnhof umgeleitet werden. Weil Selenskyj einer der gefährdetsten Politiker der Welt ist, so die offizielle Begründung. Die Russen wollen ihn umlegen, klar. Aber reist der KGB mit der Bahn an? Ist das Kalkül, dass seine Agenten es dann nicht mehr rechtzeitig vom Ostbahnhof bis zum Regierungsviertel schaffen, wenn ihr Zug dorthin umgeleitet wird? Was soll das bloß?

»Das ist wegen der Kameraüberwachung«, ruft nun einer der zunehmend gequetscht stehenden Wartenden am Bahnsteig. »Der BND braucht mehr Zeit, um die Bilder der Überwachungskameras auszuwerten. Deswegen fahren die Bahnen nur alle 20 Minuten. Habe ich auf Telegram gelesen.« Die Leute um ihn herum nicken verstehend. Klar, logisch. Hätte man ja auch selbst drauf kommen können. Nur irgendein Trottel kapiert es nicht und fragt: »Was denn für Bilder?« Die anderen schauen ihn fassungslos an. »Dir ist schon klar, dass wir hier alle überwacht werden?«, fragt jemand. Au weia, denke ich. Gefährliches Thema. Und schon geht's los. Ein weiterer Umstehender ruft: »Natürlich werden wir alle überwacht! Auf Befehl der CIA! Die haben den Selenskyj doch überhaupt erst installiert! Erst die NATO-Osterweiterung, und jetzt schicken sie Selenskyj hierher und dünnen den S-Bahn-Takt aus, damit sie uns besser überwachen können!« Zustimmendes Raunen in der Menge. Das klingt sehr plausibel. »Die Wagenknecht hat schon recht!«, ruft eine ältere Frau. »Wenn wir mit Putin verhandeln, dann fährt auch die S-Bahn endlich wieder im Takt.«

Schließlich fährt die Bahn tatsächlich ein. Sie ist völlig überfüllt, mühsam quetschen wir uns hinein. In dem Gedränge ist es nicht leicht, aufs Handy zu gucken. Trotzdem gelingt es mir, auf der Seite des Tagesspiegel zu lesen. Dort wird die S-Bahn-Takt-Verlängerung damit erklärt, dass die Bahn damit rechne, dass von Seiten der Sicherheitsbehörden spontan und unangekündigt ein Komplettstopp des Bahnverkehrs verhängt werden könne. Wenn zu diesem Zeitpunkt aber zu viele Bahnen unterwegs seien, käme es zu einem kompletten Chaos, und es würde ewig dauern, bis danach wieder irgendeine Bahn fahren könne. Falls überhaupt je. Ich überlege kurz, diese neue Erkenntnis mit meinen Mitfahrenden zu teilen. Allerdings kommt sie mir ehrlich gesagt um nichts einleuchtender vor als die Theorien zuvor.

Aber man muss ja auch nicht immer alles verstehen. Ich weiß überhaupt nicht, wo das herkommt, dass jeder meint, über hochkomplexe Sachverhalte mitreden zu können, mit denen sich zuvor Garnisonen von Fachleuten, die das jahrelang studiert haben, ausgiebig auseinandergesetzt haben. Als neulich berichtet wurde, die letzten beiden Jahre seien die wärmsten seit 2.000 Jahren gewesen, brach im Internet umgehend ein Sturm der Empörung los. Aber nicht etwa über die mangelnden Maßnahmen zum Klimaschutz. Sondern über die Information an sich. Denn vor 2.000 Jahren, so wurde reihenweise argumentiert, ich habe es selbst gelesen, vor 2.000 Jahren gab es ja noch nicht einmal das Thermometer! Woher wollen diese sogenannten Wissenschaftler bitteschön wissen, wie warm es da gewesen ist?

Ich meine, es ist ja okay, wenn man selbst von den Grundlagen der Naturwissenschaften keine Ahnung hat. Muss man vielleicht auch nicht als Malermeisterin, Ergotherapeut oder Investmentbankerin. Ich wiederum weiß ja nicht mal, was Ergotherapeuten eigentlich überhaupt machen. Da käme ich dann aber auch nicht auf die Idee, mit ihnen Diskussionen über ihr Fachgebiet anzufangen. Wenn die Elektrikerin mir sagt, zum Betrieb eines Gerätes brauche es dieses oder jenes Vorschaltgerät, dann denke ich: »Tja, wird schon so sein. Dann mach mal. Dafür bist du schließlich Elektrikerin.« Keineswegs hingegen denke ich: »Man darf nicht alles glauben, was einem vom Mainstream-Elektrizismus erzählt wird. Da schaue ich lieber erst mal auf Telegram ein Video von irgendeinem verrenteten Mechatroniker aus dem Förderkreis der Freien-Ionen-Universität, um mir dann eine eigene Meinung zu bilden.«

Wobei die Elektrizismus-Skeptiker dann aber interessanterweise dieselben Typen sind, die bei jeder anderen Gelegenheit jammern, dass es so viele Studienabbrecher bei den Grünen gebe. Nichts wurde gegen Ricarda Lang – neben ihrer Figur natürlich – häufiger ins Feld geführt als ihr fehlender Berufsabschluss. Aber welchen hätte sie denn haben sollen, damit sie von den Nörglern ernst genommen worden wäre? Hätte sie, sagen wir, einen Master in Sozialwissenschaften, Philosophie oder Archäologie gehabt, würden die Leute höhnen, sie habe nur verquastes, nutzloses Zeug im Elfenbeinturm gelernt und vom echten Leben keine Ahnung. Wäre sie Politikwissenschaftlerin wie Annalena Baerbock, hieße es, sie habe ihr Leben lang nur Politik gemacht und vom echten Leben keine Ahnung. Wäre sie hingegen Fliesenlegerin oder Maurerin geworden, würde ihr zweifellos vorgehalten, ein Mannweib zu sein, dass nur aufgrund der irren genderideologischen Verbohrung der Grünen so einen Beruf gewählt habe und daher vom echten Leben keine Ahnung. Robert Habeck hat immerhin einen Hochschulabschluss in Philosophie und ist erfolgreicher Schriftsteller. Trotzdem wird er inzwischen selbst von Unionsseite geschmäht als »Kinderbuchautor«, als sei das ehrenrührig oder etwas, mit dem man keine Politik machen könne. Weil jemand, der die Sorgen von Kindern ernst nimmt, in der Politik nichts zu suchen hat?

Es bleibt die Frage: Was genau sollen grüne oder irgendwie linke Politiker eigentlich gelernt oder gemacht haben, damit sie ohne hämische Bemerkungen über ihre Ausbildung oder ihren beruflichen Werdegang auch als Politiker arbeiten dürfen? Lastwagenfahrer? Dann hieße es bei jedem Versuch, den Verkehr klimafreundlicher zu gestalten: Doppelmoral! War doch selbst mal Lastwagenfahrer! Banker? Dann wären sie von den Rothschilds geschickt. Physiker? Um Gottes Willen! Dann würden sie irgendwas von Klimawandel schwadronieren, obwohl es früher noch gar keine Thermometer gab. Und außerdem war Angela Merkel auch Physikerin, da sieht man doch, was dabei herauskommt. Es gibt eigentlich nur eine einzige Möglichkeit für linke Politiker, ernst genommen zu werden: sie müssen rechts werden. Sonst geht es leider nicht.

Kurz und gut: So krude die Sache mit dem halbierten Takt bei der Ringbahn und der Umleitung der ICEs wegen dem Staatsbesuch von Selensky auch klingt, man sollte doch vielleicht einfach mal davon ausgehen, dass die Verkehrslogistiker und Sicherheitsleute gute Gründe dafür haben.

Eine Woche später kommt Joe Biden nach Berlin. Diesmal

gibt es noch mehr Sicherheitsmaßnahmen. Ich habe nicht genau aufgepasst, welche es waren. Sind die Busse an jeder zweiten Station vorbeigefahren? Gab es kein Warmwasser zwischen 15 und 18 Uhr? Auf der Ringbahn jedenfalls gab es wieder nur den 20-Minuten-Takt.

Moment mal: Wahrscheinlich geht es einfach genau darum! Sie wollen, dass wir uns nach und nach daran gewöhnen, dass die Bahnen nur noch alle 20 Minuten fahren. Oder gar nicht mehr. Oder ganz woandershin als gedacht. Damit wir die Nerven verlieren und aufhören, öffentliche Verkehrsmittel zu nutzen. Dann brauchen wir endlich alle ein eigenes Auto. Und wegen des Verbrenner-Aus können wir gar keine richtigen Autos mehr kaufen, sondern nur noch diese E-Mobile. Die dann wegen der neuen EU-Strafzölle nicht mehr billig aus China importiert werden können, sondern vermutlich mit Strom aus von Donald Trump persönlich aus der amerikanischen Scholle gefracktem Gas betrieben werden müssen. Sodass am Ende wieder die CIA davon profitiert. Und natürlich Israel. Das hat er sich ja wieder ganz fein ausgedacht, dieser Kinderbuchautor! Aber mich täuscht er nicht!

SEESTERN: SCHLIMM, SCHLIMM

Frank Sorge

Dieter: Sach mal, Ralle, verstehst du noch, wat in die Zeitung steht?

Ralle: Klaro, wat stehtn da?

Dieter: Der Bundespräsident sagt, unser größtet Problem is Migration.

Ralle: Meens nich. Aber wenns so is, solln halt alle mal bleiben, wo se sind.

Dieter: Meenste wirklich alle, wie beim Lockdown?

Ralle: Ick mein ja nur, wer nich muss, ick jeh jedenfalls nich weg. Und die Nazis in Thüringen solln auch schön bleiben, wo se sind.

Dieter: Jeht doch um Migration von Flüchtlinge, Ralle, und an der Grenze soll wieder kontrolliert werden.

Ralle: Vertrauen is jut, Kontrolle is besser. Sagt man doch so.

Dieter: Ob dit passt?

Ralle: Ick kenne keenen Grenzer, den ick fragen könnte, wie die dit sehn.

Dieter: Ick ooch nich, jibts überhaupt noch welche?

Ralle: Nich in Berlin, wa?

Dieter: Berliner Grenze bleibt also offen?

Ralle: Würd ick mir ooch überlegen, wenn ick Kai Wegner wäre, ob wir nich doch kontrollieren wegen der Nazis.

Dieter: Könnten ja Flüchtlinge machen.

Ralle: Ne Grenze bewachen, wo se selbst gerade jeflohen sind? Und vor so schlimme Leute? Na, dit würd ick denen nicht zumuten.

Dieter: Immerhin kennense alle Tricks, wa.

Ralle: Blöde Idee, Dieter, die ham andere Sorgen, als uns Berliner zu beschützen.

Dieter: Ja, is Quatsch ... Aber irgendwie ooch nich, oder?

Ralle: Nur hör uff. Jibt jenug andere Jobs. Ick hab nämlich jelesen, in meen Tagesspiegel von der Nachbarin, wa, von die Syrer damals, haben mehr Arbeit jefunden, als bei uns im Durchschnitt malochen. Andere Länder, andere Sitten, wa, ick bin immer nur vor der Arbeit jeflohn.

Dieter: Gib mal nich so an, Jobcenter is nich Assad, wa?

Ralle: In punkto Arbeitsflucht bin ick mir schon lange treu.

Dieter: Aber die fliehn nich vor der Arbeit, Ralle, sondern vorn Krieg.

Ralle: Dann lässte die halt durch, und die Sachsen bleiben zu Hause.

Dieter: Also, Ralle, ick versteh nich mehr nur nich, wat inna Zeitung steht, sondern ooch nich mehr, wat du sagst.

Ralle: Jibt'n klaren Unterschied, meinem Urteil kannste vertrauen. Die Zeitung will, dat du sie koofst, mich haste umsonst.

Dieter: Na ja, wird allet schlimmer, ick merk schon.

Ralle: In Thüringen vielleicht. Schlimm, schlimm.

Dieter: Ja, keene Ahnung, wat da los ist.

Ralle: Na, nüscht. Die langweilen sich und andere zu Tode, denn die ham wirklich een Migrationsproblem. Die netten Leute hauen ab, und so wirds nich besser.

Dieter: Ick war da noch nie, ick mach mir keene Vorstellung.

Ralle: Na, dann lies in der Zeitung, wie et is, dafür is die da. Damit du dir ne Vorstellung machst.

Dieter: Meinste die B.Z.?

Ralle: Selbst da kannste, wenn de nich janz blöde bist, hinter die Zeilen lesen.

Dieter: Haste jelesen? An der Plötze hat dit Ordnungsamt zwei Nacktbadern die Klamotten wegjenommen.

Ralle: Ick bin mir sicher, dat du dir da wat vorstellst.

Dieter: Ja, aber is jemein, oder? Die mussten bis zur Straße, um die wiederzukriegen.

Ralle: Jibt Schlimmeret. Die Scham wird sich in Grenzen jehalten haben, so se schon mal nackt waren, und wenn et sojar in der Zeitung steht, überlegen sich die vom Ordnungsamt so ne Aktion ooch nochmal.

Dieter: Vielleicht haste recht, eener hat Anzeige erstattet.

Ralle: Natürlich hab ick recht, du musst hinter die Zeilen lesen.

Dieter: Mehr steht hier aber nich.

Ralle: Doch. So lange nämlich sowat in der Zeitung steht, jeht et uns noch jut, dit steht da.

Dieter: Kann ick aber nich entdecken.

Ralle: Nachdenken musste, Dieter, nachdenken.

Dieter: Oder meinste, dit steht uff ner anderen Seite, wat du meinst? Hier bei die Schießerei am Jesundbrunnen?

Ralle: Jesundbrunnen, meen Lieber, dit is wat janz anderet.

Dieter: Aber da kannste doch hinloofen.

Ralle: Kann ick, will ick aber nich. Außerdem is dit fast Prenzlauer Berg.

Dieter: Und da komm die Schießereien her?

Ralle: Ick finds uffällig. Jab doch sojar welche, die dit Jesundbrunnencenter in die Luft sprengen wollten.

Dieter: Prenzlberger?

Ralle: Keeene Ahnung, wo die jewohnt haben, aber vielleicht wegen die Konkurrenz zu Schönhauser Arkaden. Ist doch oft so, dat irgendwat anderet dahintersteckt.

Dieter: Aber dit warn Islamisten oder so, Ralle, die wollten nich einkoofen.

Ralle: Kann doch sein, dat se selbst nich wussten, wer ihr Auftraggeber is. Ick meine, der sagt einfach Auftrag von Allah oder wat, dabei werden im Hintergrund janz andere Strippen jezogen.

Dieter: Bist du da wat uff der Spur?

Ralle: Na, wie mit Putin. Der hat doch jesagt, er schickt uns solange Flüchtlinge, bis die politische Stimmung kippt.

Dieter: Putin schickt die Flüchtlinge?

Ralle: Na, klar, der sieht doch, wat hier passiert, wenn zu ville kommen. So wat wie ne offene Grenze spielt dem natürlich in die Hände.

Dieter: Aber hat nich der Bundespräsident denn recht? Und meint eigentlich durch die Blume, Putin wäre unser größtet Problem?

Ralle: Weeß nich, vielleicht wird er ooch senil. Irgendwann is bei allen soweit.

Dieter: Aber der is noch nich mal siebzig, oder? Wie du.

Ralle: Vorsicht, Freundchen!

Dieter: Ach, du hast bald Jeburtstag, wa?

Ralle: Jenau, darf ick mir wat von dir wünschen?

Dieter: Klar, wenn et meen Budget nich übersteigt.

Ralle: Kost janüscht, aber wenn Marie fragt, sagste, is der 69.

Dieter: Kann ick machen, aber wat machste nächstet Jahr?

Ralle: So weit denk ich noch nich, Dieter. Zukunft is wirklich wat Feinet, aber nich mehr in mein Alter.

WOHER ES KOMMT, UND WOHIN ES FÜHRT

Robert Rescue

Jetzt hat sie mich erwischt. Eine von diesen hundertfachen Blink-Blink-Online-Werbungen, die ich bislang ignorieren konnte. Aber diese eine erschien so oft, bei den Google News, die ich zum Frühstück lese, auf Social Media und auch auf der Website vom Duden, die sonst »vollgekleistert« ist mit Temu-Werbung, dieser chinesischen Billig-Nippes-Geiz-ist-geil-ein-Euro-Plattform, wo man all die Dinge kaufen kann, die man nie haben wollte. Bei Temu habe ich widerstanden, aber die Barfußschuhe haben mich überwältigt. Da habe ich dann gedacht, ich könnte ja mal draufklicken, nur so aus Interesse, nur mal schauen, natürlich nichts weiter, nur mal wegen der Preise, ist doch viel zu teuer und wer braucht das überhaupt? Wieso habe ich das getan? Vielleicht lag es an der Meldung aus den USA, dass der Mensch mittlerweile den Kontakt zur Erde verloren hat. Wir laufen nicht mehr barfuß, wir sind elektrisch isoliert von unserem Planeten. Womöglich hat das unbewusst mein Interesse geweckt.

Ich dachte eigentlich, die Zeit der Innovationen in Sachen Schuhe wäre seit 2.000 Jahren vorbei, aber offensichtlich hatte jemand eine Idee, und viele Leute finden die gut. Der Name »Barfußschuhe« ist eigentlich blöd, wenn man drüber nachdenkt. Ich meine, wenn man barfuß laufen will, dann zieht man keine Schuhe an, oder habe ich da was falsch verstanden? Ich wusste bislang, dass es sogenannte »Zehenschuhe«

gibt mit extra Fächern für jeden Zeh, aber wenn ich so etwas tragen will, dann kann ich mir auch Handschuhe über die Füße ziehen und muss nicht so einen Outdoor-Quatsch für 200 Euro kaufen. Der Barfußschuh, so verrät mir Wikipedia, ist an der anatomischen Passform eines gesunden Fußes ausgerichtet. Der Vorderfuß ist breiter geschnitten, die Sohle ist dünn und flexibel, und es gibt keine »Sprengung«, also keine Höhendifferenz zwischen Vorfuß und Ferse. Aha. Ich weiß gar nicht, ob ich einen gesunden Fuß habe. Ein Orthopäde wird das wissen, aber wo soll ich in diesem Moment einen herbekommen, wo ich im Begriff stehe, auf den Kauf-Button zu drücken? 35,99 Euro soll der Barfußschuh kosten, da kann ich nicht meckern. Es gibt sogar zehn Prozent Rabatt, wenn ich den Newsletter bestelle, den ich später wieder abbestelle. Ich bin schon ein echter Onlinekauf-Fuchs. Ein letztes Aufflackern von Widerstand regt sich in mir: Der Schuh ist zu 100 Prozent aus weichem Kunststoff. Man kann ihn verbiegen und zusammendrücken, und wenn man loslässt, ist er wie vorher. Das kenne ich bislang von Schuhen nicht, das kann doch nur billiger Mumpitz sein. Ach egal. Du hast doch genug Schuhe, versucht es die kritische Stimme in mir abermals. Neun Paare sind doch nicht viel, halte ich dagegen. Okay, für einen Mann schon, aber ein zehntes macht den Kohl auch nicht fett.

Du wirst keinen Kontakt zu Mutter Erde herstellen können, wenn du Schuhe anziehst, versucht es die Stimme ein letztes Mal. Das stimmt, aber egal.

Nach der Bestellung bekomme ich eine Mail von Emilia, der Leiterin des Kundendienstes. Das angepinnte Porträt von ihr kann mich nicht täuschen. Das ist das Werk einer KI. Gibt es ja inzwischen an jeder Ecke, diese KI-Porträts, und sie werden immer realistischer. In diesem Fall kann ich mit Sicherheit sagen, dass Name, Bild und Funktion nicht zusammenpassen.

Vermutlich heißt die Person Hen Li, arbeitet seit 40 Jahren bei dem Laden und kann nicht verstehen, warum sie den Leuten im Westen als Emilia vom Kundendienst schreiben muss und aussehen soll wie ein Laufstegmodel. Auf jeden Fall lässt sie mich wissen, dass es eine »klitzekleine« Verzögerung gebe, mein Paket aber zeitnah zugestellt werde und so sichergestellt sei, dass alles mit meiner Bestellung stimmt. Oh, denke ich als Erstes, ich wollte keine Umstände machen, und als Zweites: Ich verstehe kein Wort.

Die nächsten 14 Tage höre ich nichts mehr von Emilia. Danach schaue ich in die Sendungsverfolgung. Meine Schuhe befinden sich in Jinan Shandong. Hm, ich hatte gehofft, sie wären inzwischen in Ahrensfelde und würden morgen von einem Paketboten mit Burn-out-Syndrom bei einem Nachbarn abgegeben. Selbstverständlich ohne Benachrichtigungskarte oder wenn, dann mit Gekritzel. Wir haben im Haus einen Zettel an der Haustür, wo jeder reinschreibt, dass er was sucht, und ein Nachbar schreibt rein, dass es bei ihm zu finden ist. Diese Listen sind ja inzwischen allgegenwärtig. Ich kenne allein im Wedding zehn Häuser, in denen ein Nachbar die Aufgabe übernommen hat, einen solchen »Gesucht/Gefunden«-Zettel zu gestalten, aufzuhängen und sich darum zu kümmern, diesen alle paar Wochen zu erneuern.

Vielleicht hätte ich nicht Schuhgröße 46 bestellen sollen, geht es mir durch den Kopf. Vielleicht stellt das die Chinesen vor logistische Probleme. Die produzieren die weichen Biege-Barfußschuhe hunderttausendfach in den Größen 35 bis 42, doch jetzt steht die Produktion still, und die Techniker suchen fieberhaft nach einer Möglichkeit, die Maschine auf Größe 46 umzurüsten, während mir Emilia vom Kundendienst eine Hinhalte-Mail schreibt. Aber die Größe 46 konnte ich auf der Website auswählen, und es gab auch keinen sonstigen Hinweis.

Ich bekomme wieder eine Mail von Emilia. Die Schuhe sind zwar noch nicht da, aber ich werde darüber informiert, dass ich künftig anders zu gehen habe. Da steht was von Fersen- oder Vorfußstoß. Ich verstehe kein Wort. Meine Güte, wie soll ich denn mit Mitte 50 noch lernen, anders zu gehen?

Ich hätte diese verdammten Barfußschuhe nie bestellen sollen. Was passiert denn, wenn ich so gehe wie gewohnt? Darüber verrät die Mail von Emilia nichts, aber ich kann es mir denken: Stauchungen, Brüche, offene Wunden, Lebensgefahr, Tod.

Wo sind meine Schuhe überhaupt? Vier Wochen sind vergangen. Laut Sendungsverfolgung sind sie inzwischen in Belgien. In mir nagt ein schlechtes Gewissen. Welche Reise sie wohl hinter sich haben? Vielleicht haben sie die Ware mit DHL China verschickt, und der Paketfahrer ist mit einem alten, klapprigen Transporter über Tadschikistan, Iran, Bulgarien nach Belgien gebrettert, im Laderaum meine schwarzen Barfußschuhe Größe 46 und ein paar Tüten Temu-Nippes für Herrn Kasulke aus dem Vorderhaus. Aber warum dann Belgien? Am nächsten Tag vermeldet die Sendungsverfolgung meine Schuhe in Duisburg. Es geht voran, bald schon werde ich diese Schuhe, die ich überhaupt nicht mehr haben will, in den Händen halten.

Ich stehe vor dem *Handy Point* in der Brüsseler Straße. Der *Handy Point* ist ein Handy-Beratungsladen und zugleich Abladehalde diverser Paketdienste. Handy-Beratung im Laden nutzt heutzutage keiner mehr, also lebt der Inhaber vermutlich von irgendwelchen Provisionen der Paketdienstleister. Ich war zu Hause, aber der Paketbote war anderer Meinung.

Schließlich halte ich eine Tüte in den Händen, zugeklebt mit einer ganzen Rolle Paketband. Emilia hat mir geschrieben und lockt mit einer Rückerstattung. Nein, nicht wegen der Dauer der Lieferung. Sie will, dass ich meine Freude über den Erhalt der Ware dokumentiere. Wenn ich ein Foto von den Schuhen hochlade, kriege ich zwei Euro, für ein Video sogar neun Euro, und wenn ich ein Selfie mache und dabei lächele, dann gibt es vier Euro obendrauf. Ich hasse Selfies, und ich hasse es, zu lächeln. Das letzte Mal habe ich gelächelt, als ich mit sechs Jahren dem Nachbarskind einen Stein an den Kopf geworfen habe. Nein, ich werde eher nach einem Video suchen, das zeigt, wie man in diesen Barfußschuhen richtig geht. So ein Unsinn, sich so etwas anzuschauen. Aber ich habe mir schon viel Mist im Internet angeschaut, das macht den Braten auch nicht mehr fett. Und wenn ich kein Video finde? Dann drehe ich vielleicht selbst eins und bekomme sogar noch Geld dafür.

Ich bin schon ein echter Onlinekauf-Fuchs.

DIE BEFRAGUNG DES VERWALTUNGSGETRIEBENEN

Thilo Bock

Das Berliner Landesamt für Bürger- und Ordnungsangelegenheiten schreibt mir, um mich über den »Führerschein-Pflichtumtausch« zu informieren. Ich besitze noch immer so ein rosafarbenes Exemplar. Wohl auch, weil ich seit 25 Jahren nicht mehr am Lenkrad eines Autos gesessen habe.

Bislang hatte ich nicht gewagt, mich um einen entsprechenden Termin beim Bürgeramt zu bemühen, weil ich Enttäuschungen so schwer verkrafte. Jetzt also dieses Schreiben. Wow, denke ich, der Staat denkt an mich. Der weiß, wann ich etwas brauche, greift mir Antriebslosem unter die Arme und hat am Ende gar einen Termin parat. Dann aber lese ich: »Falls Sie hiervon betroffen sind, bitten wir Sie, einen Termin für ihren Antrag auf Umtausch bei einem Bürgeramt Ihrer Wahl zu vereinbaren.«

Ja, ja, am Arsch! Der längere, selbst einzutippende Link führt bloß auf die übliche, sogenannte »Serviceseite« des Landes Berlin mit dem Hinweis: »Leider sind aktuell keine Termine für Ihre Auswahl verfügbar.« Ein halbes Jahr habe ich ja noch Zeit. Ich nähme auch einen Termin vor Weihnachten, aber so weit denkt man in der Berliner Verwaltung nicht. Weihnachten, wann soll das bitteschön sein? Hier ist man schon froh, wenn man drei Monate im Voraus planen kann. Länger hält auch nicht das Farbband vom Faxgerät.

Vermutlich hat jeder in Berlin gemeldete Mensch meines Jahrgangs diesen Brief bekommen, egal ob im Besitz einer

Fahrerlaubnis oder eines Jodeldiploms. Wollen die mich ver-arschen und am Ende gar nicht, dass ich meinen schönen rosa Lappen umtausche? Die Frage ist ja auch, ob ich das überhaupt will. Wird hier gar auf die Nostalgie der Berliner gesetzt? Da-rauf, dass keiner so ein blödes Plastekärtchen haben will und lieber aufs Autofahren verzichtet. Ist ja eh viel zu gefährlich in Berlin! Oder wird so versucht, den Straßenverkehr zu reduzie-ren? Wobei, so wie die meisten hier unterwegs sind, haben die eh keine gültige Fahrerlaubnis.

Nee, Freunde, so nicht! Nicht mit mir! Früher hätte ich – einem Apple-Jünger gleich – mein Wurfzelt vor das Bürger-amt meiner Wahl geschmissen und gewartet, bis ich dran bin. Heute aber heißt es, im richtigen Moment zuzuklicken. Ich probiere alle möglichen Wochentage und Zeiten aus. Spät abends und früh morgens um halb sechs. Ich stelle mir den Wecker, für beide Zeiten. Keine Chance! Ich verbringe den Tag am Rechner. Vom ganzen Klicken wird mein Zeigefinger taub. Ich könnte glatt beim Amt Berufsunfähigkeit geltend machen. Doch siehe da, eines Morgens kurz nach 9 Uhr poppen plötz-lich zehn Termine auf, sogar im Bürgeramt meiner Wahl.

Eine Auswahl wie bei Starbucks. Dort überfordert mich schon das Angebot an Gewürzmischungen, mit denen der Kaffeegeschmack kaschiert wird. Wer hier einfach eine Tasse Kaffee bestellt, wird gewiss gemeldet. Daher fragen sie einen ja auch nach dem Namen.

Die Fülle an angebotenen Bürgeramtsterminen überfordert mich genauso. Aus Angst, sie könnten gleich wieder weg sein, wähle ich den erstbesten – im Flüchtlingsbürgeramt. Die schi-cken mich doch weg, wenn ich in drei Monaten dort aufkreuze! Wobei, ich bin ja ein Flüchtling, ein Verwaltungsvertriebener, ein getriebener Bürger Berlins.

Nun will ich gar nicht partout negativ über diese Stadt spre-chen. Morgens kurz nach neun scheint die Welt der Berliner

Verwaltung noch in Ordnung. Wohl weil sie dort gerade ihr zweites Frühstück einnehmen. Und so wird mir keine zehn Minuten später im Bürgeramt meiner Wahl ein weiterer Termin offeriert, sogar zu einer mir genehmeren Zeit, kurz nach dem Mittagessen. Da bin ich immer so schön entspannt. Nichts kann mich wohlgesättigt aus der Ruhe bringen. Nicht mal ein defekter Kassenautomat.

Beim Termin drei Monate später geht es dann tatsächlich extrem locker zu. Ich bin zwanzig Minuten zu früh wegen des Kassenautomaten, erfahre aber vom syrischen Pförtner, dass ich erst nach der Neubeantragungsprozedur zahlen muss. Und mit Karte ginge das direkt beim Sachbearbeiter. Ob ich eine dabei hätte? Natürlich! Für alle Fälle – man weiß ja nie – führe ich alle möglichen Zahlungsmittel mit mir. Debitkarte, Kreditkarte, mein Knax-Sparbuch, Bargeld in großen und kleinen Scheinen und Währungen, Münzen aus allen Epochen seit der Völkerwanderung und – falls hier Tauschwirtschaft besteht – auch ausgewählte Naturalien vom Wechselakku über Mon Chérie bis zur frisch gefangenen Lachsforelle.

Das brauche ich dann alles gar nicht. Kaum ist eine halbe Stunde Wartezeit vergangen, also zehn Minuten nach meinem Termin, werde ich aufgerufen und gerate in eine tiefenentspannte Atmosphäre, in der ich mir wie ein Eindringling vorkomme. Während der jugendliche volltätowierte Sachbearbeiter meine Daten aufnimmt, kommt seine ebenfalls junge, nicht minder stark tätowierte Kollegin ins Zimmer und sondiert das Süßigkeitensortiment im Regal.

Kurz überlege ich, ihnen die Mon Chérie dazulassen. Mag ich eh nicht.

Man muss aber nicht übertreiben. Dafür bin ich offen, als mich am Abend per E-Mail die Bitte zur Teilnahme an einer »Kundenbefragung der Berliner Bürgerämter« erreicht. Ich bewerte normalerweise nie etwas, jedenfalls nicht im Internet. Nicht den Kauf eines Unterschranktrennsystems für drei Sorten Abfall, nicht die Fahrt mit dem Rock-'n'-Roll-Riesenrad, keinen Toilettenbesuch und schon gar keine Dienstleistung. Als ich mal die Arbeit eines Klempners auf seinem Abrechnungsbogen durch Ankreuzen eines Smileys beurteilen sollte, habe ich versehentlich den traurigsten Smiley angekreuzt, weshalb mich der Mann noch spät abends angerufen und mit zitternder Stimme gefragt hat, ob ich sein Leben zerstören wolle. Dabei hatte er die Wasseruhr allem Anschein nach ordnungsgemäß montiert. Sie ist erst zwei Wochen später abgefallen.

Jetzt also das Bürgeramt. Die müssen doch wissen, dass sie keinen guten Ruf haben. Wobei, vielleicht schaufeln die sich auf Arbeit ganztags Süßigkeiten rein und hängen in ihrer Freizeit beim Tätowierer ab. Da kriegt man natürlich nichts mit von den Schrecken des Lebens jenseits der Berliner Verwaltung.

Die Befragung startet unauffällig. Ob ich den Termin eigenständig vereinbart hätte? Ob ich selber im Bürgeramt gewesen sei? Moment mal! Sind das Fangfragen? Oder könnte man echt wen anderes schicken? Womöglich einen Flink-Boten mit einer Schmuckschachtel Schnapspralinen? Entsprechend misstrauisch, klicke ich mich zur nächsten Seite: »Wie zufrieden waren Sie mit dem Terminangebot? Sehr zufrieden, eher zufrieden, Teils, teils [oder] sehr unzufrieden.« Na ja, ich sag mal so: Immerhin vor Ablauf der Frist und noch in diesem Leben.

Weitere Fragen zum Terminangebot folgen. Ob ich gerne einen früheren Termin als in drei Monaten gehabt hätte? Wie zufrieden ich mit meinem Besuch gewesen bin? Wie lange ich gewartet hätte? Wie zufrieden ich mit der Atmosphäre im Warteraum gewesen sei? Und mit der Beschilderung? Wenigstens waren die Veranstaltungsplakate aktuell. Sie wurden sogar in meinem Beisein ausgetauscht, wobei der Aufhänger versucht hat, sie unter Ignorieren meiner Existenz über meinem Kopf aufzuhängen. Und ich war so mit meiner Vorfreude beschäftigt, in nur wenigen Minuten beim Bürgeramt meiner Wahl aufgerufen zu werden, dass ich mir nichts habe anmerken lassen. Auch nicht, als er die rechte untere Plakathälfte mit dem Klebeband an meiner Stirn befestigt hat.

Bei der Kundenbefragung muss ich noch Fachkompetenz und Freundlichkeit des Mitarbeitenden bewerten, die Verständlichkeit der Informationen, seine Flexibilität in Hinblick auf mein Anliegen sowie die Zeit, die man sich für mich genommen hat. Ich beginne, mich akut zu langweilen. Gleich breche ich die Befragung ab, denke ich und klicke »Weiter«. Und schwupps bin ich bei der finalen Einschätzung angekommen. Ich soll diese drei Aussagen bewerten: »Wenn ich etwas in einem Berliner Bürgeramt erledigen muss, habe ich ein gutes Gefühl.« – »Mein Vertrauen in die Berliner Bürgerämter ist hoch.« Und: »Ich habe mit anderen gegenüber schon öfter positiv über die Berliner Bürgerämter gesprochen.«

An dieser Stelle habe ich den Spuk beendet. Ich konnte nicht mehr. Länger beschäftigt mich bereits die Frage, was aus dem Comedytrupp der BVG geworden ist, #weilwirdichlieben, weil sich das Unternehmen ja von Twitter-heißt-jetzt-X zurückgezogen hat. Nun ist alles klar! Die wurden von der Berliner Verwaltung angeheuert, um ihre subtilen Witze zukünftig in Form von Umfragen zu verbreiten. »Ich habe mit anderen gegenüber schon öfter positiv über die Berliner Bürgerämter gesprochen.« Warum nicht gleich: »Mein Termin beim Bürgeramt war so schön. Ich habe mir meine Wartenummer auf die Stirn tätowieren lassen!«

DER PREDIGER IN DER TRAM 50

Heiko Werning

Ich bilde mir ein, mental einigermaßen robust zu sein, aber so ganz allmählich geht mir dieser permanente gesellschaftliche Ausnahmezustand doch etwas an die Nerven. Die Leute schimpfen ja jetzt schon auf die Ampel-Koalition, wenn der Chip im Einkaufswagen mal klemmt oder das Klo überläuft. Thomas Gottschalk hat Arthrose in der Hüfte? Die Scheiß-Grünen sind Schuld! Pietro und Laura haben sich getrennt? So weit ist es jetzt schon gekommen, und das alles nur wegen diesem Trans-Selbstbestimmungsgesetz! Die Rolltreppe am S-Bahnhof Wedding funktioniert mal wieder nicht? Das liegt nur an der verdammten Cannabis-Legalisierung! Selbst meine 94-jährige Mutter in Münster radikalisiert sich und überraschte mich unlängst mit der Aussage: »Ich bin froh, dass ich bald sterbe, dann muss ich nicht mehr miterleben, was die Grünen aus diesem Land machen.«

Ich bin unterwegs im Wedding. Am U-Bahnhof Seestraße steige ich in die Tram. Die Bahn will schon losfahren, da torkelt noch ein heruntergekommener Typ am anderen Ende der Bahn hinein. In der Hand hält er eine geöffnete Schnapsflasche, deren größeren Teil er offenkundig bereits in sich hinein umgefüllt hat, denn er wankt bedenklich. Kaum ist er eingestiegen, erhebt er lautstark seine Stimme. Zum Glück verstehe ich ihn nicht, denn er lallt erheblich und ist noch einige Sitzreihen von mir entfernt. Nur einzelne Wörter dringen bis zu mir durch. »Scholz!« höre ich, und »die Ampel!«, natürlich. Er kämpft sich weiter durch die inzwischen fahrende Bahn, er beginnt, auf einzelne Fahrgäste einzureden, die angestrengt durchs Fenster nach draußen gucken. Das mache ich jetzt auch, denn er kommt mir immer näher. »Die Regierung!«, höre ich, und immer wieder: »Der Scholz!« Ich sinke in meinen Sitz zusammen, so gut es geht, denn jetzt ist er fast bei mir angekommen. Möge dieser Prediger an mir vorüberziehen, wünsche ich inständig. Aber das tut er nicht. Stattdessen lässt er sich auf den freien Sitz mir gegenüber fallen und nimmt einen tiefen Schluck aus seiner Flasche. Ich seufze. Eine jüngere Frau auf der anderen Seite des Gangs steht entsetzt auf und setzt sich um. Ein kurzer Impuls durchzuckt mich, es ihr gleichzutun, aber dann bleibe ich doch sitzen. So nervtötend ich solche Leute auch finde, es behagt mir nicht, sie so offensiv auszugrenzen, dass sie es mitbekommen. Sie wie Aussätzige zu behandeln. Ihnen den Eindruck zu geben, mich grause es vor ihnen, selbst wenn dem so ist.

Also bleibe ich tapfer sitzen und starre bemüht woanders hin. Und sehe aber doch aus den Augenwinkeln, dass er mich fixiert. Er nimmt noch einen Schluck. Das ist gut. Wenn er trinkt, spricht er nicht.

Aber dann spricht er doch. Ruckartig reißt er den Arm mit der Flasche in der Hand hoch, dann ruft er laut: »Die Regierung!« Er ringt um Worte, vielleicht auch nur mit Schluckauf, dann ruft er noch einmal: »Die Regierung ...« Es folgt eine längere Pause. Ich schöpfe etwas Hoffnung, dass er den Faden verloren hat, aber dann geht ein Ruck durch ihn und er spricht weiter: »Die Regierung ...«, versucht er es ein drittes Mal, und nun bricht es aus ihm heraus: »... die macht das schon alles ganz richtig.« Verblüfft schaue ich ihn jetzt doch an. »Der Scholz«, führt er nun weiter aus, »der Scholz is eintlich 'n ganz Vernünftiga.« Er nimmt einen weiteren Schluck, dann holt er tief Luft, das Sprechen fällt ihm schwer. »Der Scholz macht das schon ganz richtig. Der is besonn'n.« Ich kann es kaum glauben. Auch die anderen Leute in der Bahn schauen fassungslos zu uns rüber. Der Prediger fixiert seine Schnapsflasche, dann hebt er an: »Läuft doch eigentlich alles in Deutschland. Ich mein: Uns geht's doch gut! Müssta mal 'n andere Länder gucken, wie's da aussieht! Die Regierung macht das schon ganz ordentlich, so im Großen und Ganzen.« Jetzt steht er mühsam wieder auf, stellt sich direkt vor mich, fuchtelt mit der Flasche vor meinem Gesicht herum und lallt: »Nee, nee, der Scholz, der machtas schon ganz richtich. Die Regierung«, er ringt noch einmal nach Luft, »die Regierung is so schlecht eintlich nich.«

Haltestelle Osloer Straße, der Mann wankt aus der Bahn. Die anderen Fahrgäste blicken ihm hinterher und schütteln entgeistert mit dem Kopf. Schon wieder so ein Verrückter! Es wird wirklich alles immer schlimmer.

KLADOW SEHEN UND STERBEN

Robert Rescue

Schier unerträglich ist der Schmerz, der mich befällt, als ich auf meinen Personalausweis schaue. Die Hände zittern, der Ausweis fällt auf den Boden. Mühsam hebe ich ihn auf und erinnere mich wehmütig an jene Zeit vor zehn Jahren, als ich ihn erneuern musste und ins ferne Hellersdorf gereist bin, weil das dortige Bürgeramt Kapazitäten frei hatte. Was war das für ein erhebender Moment gewesen, als ich seinerzeit das Amt mit dem frischen Dokument verließ, erleichtert von all den Sorgen, die man in Berlin mit einem Bürgeramt haben konnte. Gute Jahre brachen an, und ich hatte keinen Gedanken dafür, dass sie irgendwann enden werden. Genauer gesagt am 01.03.2026, das bedeutet, ich muss mich so schnell wie nur möglich darum kümmern, einen Termin zu ergattern.

Ich gebe bei Google ein: »Bürgeramt, das Kapazitäten frei hat« und füge dann den Suchbegriff hinzu, der die Ergebnisse wohl auf null reduzieren wird: »Berlin«. Es gibt einen einzigen Treffer. Eine Zeitungsmeldung, in der es heißt, das Bürgeramt Kladow könne Notleidenden möglicherweise helfen. Zwar sei es ständig geschlossen, aber dafür gebe es keine Warteschlange und keine Wartemarke. Das Amt sei geschlossen, weil das Personal bei anderen ordnungstechnischen Anliegen in Berlin aushelfen müsse, bei den Vorbereitungen zur nächsten Wahl beispielsweise, aber auch beim Personalgewinnungs-Stand auf dem Kiezfest Wedding, bei der Cannabis-Ernte in Neukölln oder beim Nikolausempfang des Regierenden Bürgermeisters, wo sie als Nikoläuse verkleidet Haushaltskürzungen als Art Wichtelgeschenk verteilen. Ab und zu müssten die Mitarbeiter, so der Zeitungsartikel, aber in ihr Amt zurück, weil sie einen Stempel oder ein Formular brauchen, und wer die Gelegenheit beim Schopfe packt, der ist wieder für eine Weile ein glücklicher Mensch.

Kladow. Ich hatte zuvor nicht gewusst, dass das überhaupt existiert. Aber man lernt nie aus. Nach 30 Jahren in Berlin gibt es immer noch Orte, die ich nicht kenne. Erreichbar ist dieser Flecken Erde via Fähre über Wannsee. Angeblich soll Kladow zu Spandau gehören und ist darüber zu erreichen, aber aus der Facebookgruppe »Alles Lüge, hier Wahrheit« weiß ich, dass Spandau gar nicht existiert, also bleibt nur die Fähre am Wannsee.

Nach fast zwei Stunden steige ich am S-Bahnhof Wannsee aus und laufe in Richtung See. Ich bin gespannt auf die Fähre, denn dieses Verkehrsmittel habe ich in Berlin noch nie benutzt. Kladow und Fähre, das Leben bietet echt Überraschungen. Ob das Zwei-Stunden-Ticket, das ich an der Seestraße entwertet habe, bis Kladow reichen wird? Oder braucht es für die Fähre einen extra Fahrschein? Als ich am Steg ankomme, sehe ich ein kleines Boot, das nur Platz für einen Fährmann und einen Passagier hat. Ich bin enttäuscht. Der Ferge trägt keine BVG-Uniform, sondern eine schwarze Mönchskutte. Sein Gesicht ist verborgen.

Am liebsten würde ich umkehren, aber wer weiß, vielleicht ist heute jemand im Bürgeramt anzutreffen?

»Fahren Sie rüber nach Kladow?«

JA.

»Ist mein Zwei-Stunden-Ticket noch gültig? Ich komme von der Seestraße im Wedding.«

GEBEN SIE MIR EINE MÜNZE.

»Wie, eine Münze? Irgendeine Münze? Ein Euro, zwei Euro, fünf Cent?«

WAS SIE ENTBEHREN KÖNNEN.

Ich überlege kurz und hole dann aus der Brieftasche ein Fünf-Cent-Stück. Ich sehe nicht ein, dass ich extra für die Fähre ein Ticket lösen soll. Der Fährmann nimmt das Fünf-Cent-Stück, steckt es in die Kutte und lädt mich auf das Boot ein. Komisch, weit und breit ist kein anderer Mensch zu sehen. Nicht einmal andere »Passtouristen«, wie sie in dem Zeitungsartikel genannt wurden, andere Verzweifelte, die wie ich ihr Glück in Kladow suchen.

»Ist die Fähre der BVG kaputt und sind Sie so eine Art Ersatzverkehr?«, frage ich, nachdem wir losgefahren sind. Mir kommt die Frage normal vor. Inzwischen ist doch jede Linie der BVG irgendein Ersatzverkehr, warum also nicht auch die Fähre? Ich hatte mir das Schiff anders vorgestellt, so wie die Pötte auf den Meeren, mit Autodeck und so, aber okay, wir sind hier ja nicht an der Ostsee. So ein Freak in einem schaukelnden Bötchen scheint mir eher Berliner Realität zu sein.

GEWISSERMASSEN, höre ich es von dem Fährmann. Nebel kommt auf. Neben dem Boot sehe ich im Wasser Gestalten, die uns begleiten. Es scheint mir, als wären es Nixen, aber das ist vermutlich Spinnerei. Am Himmel fliegt etwas. Genau erkennen kann ich es nicht, aber ich tippe auf einen Drachen. Womöglich war das mit der Fähre eine blöde Idee gewesen. Ich hätte nicht auf die Facebook-Gruppe hören sollen. Irgendein Land muss es westlich von Charlottenburg ja geben, und wenn es nicht Spandau ist, dann halt ein anderes.

Das Schweigen des Fährmanns jagt mir Angst ein. Das Boot hat keinen Motor oder Ähnliches. Es ist wie so eine Gondel in Venedig, und der Fährmann hat auch so ein Ruder. Vielleicht ist das ein illegaler Fährbetrieb und ich lande sonstwo, nur nicht in Kladow. Komisch auch, dass der Typ sich mit fünf Cent zufriedengegeben hat. So macht er der BVG keine Konkurrenz. »Arbeiten Sie für die BVG?«, frage ich plötzlich. Es würde mich beruhigen, wenn er die Frage bejahen würde.

NEIN.

»Wie lange braucht es noch?« Die typische Frage von Fahrgästen in einem unheimlichen Gefährt, die am liebsten sofort aussteigen würden, aber mit der Frage erhoffen, dass sie es nicht müssen, weil das Ziel just in diesem Moment in Sicht kommt. Der Fährmann antwortet nicht, aber tatsächlich sehe ich voraus einen Steg, auf den das Boot zufährt. Auch dort ist niemand zu sehen. Ist schon Feierabend?

Ich schaue auf die Uhr. Sie scheint stehengeblieben zu sein.

Bald darauf steige ich aus. Eigentlich dachte ich, ich müsse in Kladow rumfragen, um das Bürgeramt zu finden, aber meine Beine tragen mich voraus, als würde ich den Weg kennen. Bald darauf stehe ich vor einem eingeschossigen Gebäude, dessen Name »Bürgerbüro« suggeriert, dass es hier effizienter ablaufen könnte als in einem »Bürgeramt«. Der Flur ist verwaist, es ist still. Ich setze mich auf einen Stuhl und hole meine Unterlagen heraus. Bei anderen Bürgerämtern werde ich nie drankommen, sage ich mir, aber in Kladow irgendwann. Ein Mitarbeiter wird den Flur entlangkommen und sich meiner annehmen.

Morgen, nächste Woche oder nächstes Jahr.

Ich habe mir nichts vorgenommen.

NACHWORT

Das war ein Jahr! Ukraine-Krieg, Nahost-Krieg, Trump wieder da, Putin immer noch da, Ampel weg. Die Leichen der Überschwemmungskatastrophe in Spanien sind noch nicht mal geborgen, da beschließt Deutschland, die Klimaziele lieber ein paar Jahre aufzuschieben. Während Amerika sich entscheidet, Klimaschutz einfach ganz sein zu lassen. Und wer ist an allem Schuld? Die Grünen natürlich. Und die Juden. Ein Jahr zum Verzweifeln.

Aber auch ein Jahr, wie geschaffen für einen Jahresrückblick. »Auf Nimmerwiedersehen!«, rufen die Brauseboys deshalb auch 2024 hinterher. Wie sie es 18 Mal zuvor schon mit den Vorgängerjahren gemacht haben. Und haben aller deprimierenden Entwicklungen zum Trotz wieder eine lustige Show daraus gezimmert. Denn wenn wir jetzt auch noch den Humor verlieren, was bleibt denn dann noch? Eben!

Ein Jahr aber auch zum Geschichtenschreiben. Was die Brauseboys wieder eifrig Woche für Woche getan haben. Und die schönsten Geschichten zum Jahr landen nicht nur im Jahresrückblick, sondern auch in diesem Buch. So ergibt sich eine Chronik der großen und kleine Katastrophen, der weltbewegenden, aber auch der Berliner Ereignisse. Und was heißt schon »aber auch«? Berliner Ereignisse sind immer auch weltbewegend. Zumindest für Berlinerinnen und Berliner. Und die Brauseboys sind Berliner. Ob sie wollen oder nicht. Und meistens wollen sie nicht. Aber da kann man nichts machen.

Außer sich Woche für Woche zu treffen, um ein bisschen zusammenzurücken in all dem Geschrei, um in gemütlicher Runde und bei guten Getränken neue und alte Geschichten vorzulesen oder ihnen zu lauschen, und dazu erbauliche Lieder zu hören, die Taylor Swift niemals singen würde. Schon weil sie ja gar nicht Deutsch kann. Nehmen wir jedenfalls an. Deshalb haben die Brauseboys auch 2024 wieder jeden Donnerstag zu ihrer wöchentlichen Show geladen, wie sie es seit 21 Jahren machen. 2024 trafen wir uns im *Haus der Sinne* im Prenzlauer Berg. Ystader Straße 10, 20 Uhr, nur einen Steinwurf entfernt vom Gleimtunnel und damit vom Wedding. Eine gute Gegend, ein gutes Haus. Für alle Sinne. Deshalb wollen wir uns bedanken. Beim gesamten Team vom *Haus der Sinne*. Wir freuen uns, dass wir das Jahr über zu Gast dort sein durften, und wir freuen uns, dass wir 2025 dort weitermachen werden. Kommen Sie gerne vorbei, denn nicht nur unser Jahresrückblick ist fulminant, die wöchentlichen Leseshows sind auch sehr schön. Nicht zuletzt dank unserer wunderbaren Gäste, die uns Woche für Woche beehren. Bei denen wir uns herzlich dafür bedanken, dass sie für eine Handvoll Dollar und drei Flaschen voll Bier zu uns kommen. Das waren 2024:

Ahne, Aidin Halimi, Amalia Chikh, Andreas Albrecht, Andreas Gläser, Andreas »Spider« Krenzke, Bernadette La Hengst, Chio Schumacher, Christian Gottschalk, Christian Ritter, Christoph Theußl, Clint Lukas, Daniela Böhle, Danny Dziuk, Dorothea Böhme, Dota, Drunk at Your Wedding, Ernst Jordan, Franziska Hauser, Grizzly Bird, Hans Rohe, Hauck & Bauer, Helen Frigid, Herr Horst, Hinark Husen, Isobel Markus, Ivo Smolak, Jana Berwig, Jannik Böker, Josias Ender, Judith Stadlin, Karl Kelschebach, Karl Neukauf, Kaspar Dornfeld, Krazy, Kreuzmusik-Duo, Lea Streisand, Lukas Meister, Luksan Wunder, Lutz Steinbrück, Maik Martschinkowsky, Mandana, Manfred Maurenbrecher, Marc Ottiker, Marco Tschirpke, Mareike Barmeyer, Maria Jacobi, Martin Goldenbaum, Martin Hyun, Martina Brandl, Melvin Haack, Michael Bittner, Michael-André Werner, Mimi Wohlleben, Moses Wolff, Natze, Nils Heinrich, Ole, Oliver Scheidies, Paul Bokowski, Paul Geigerzähler, Petra Pansen, Piet Weber, Rainer Bauck, Richard Bláha, Ruth Herzberg, Sascha Bendiks, Sebastian Krämer, Sedlmeir, Susanne M. Riedel, Susanne Schirdewahn, Tilman Birr, Titus Waldenfels, Tobias Dellit, Udo Tiffert, Uli Hannemann, Ulrike Sterblich, Vanessa Karré, Yunas.

Danke, Danke, Danke! Und auf ein Wiedersehen in 2025. Denn dieses Jahr kennt kein Ende, es kennt nur eine Fortsetzung. An irgendeinem Donnerstag. Berlin. Prenzlauer Berg. 20 Uhr. *Haus der Sinne.*

Die Brauseboys

WWW.BRAUSEBOYS.DE
FACEBOOK: BRAUSEBOYS
INSTAGRAM: BRAUSEBOYS
YOUTUBE: BRAUSEBOYSTV